AUTORES:

JOSÉ MARÍA CAÑIZARES MÁRQUEZ
CARMEN CARBONERO CELIS

COLECCIÓN OPOSICIONES MAGISTERIO: EDUCACIÓN FÍSICA

CAPACIDADES FÍSICAS BÁSICAS:
SU EVOLUCIÓN Y FACTORES QUE INFLUYEN EN SU DESARROLLO.
(VOLUMEN 6)

WANCEULEN
EDITORIAL DEPORTIVA

COLECCIÓN OPOSICIONES MAGISTERIO: EDUCACIÓN FÍSICA

VOLUMEN 6.

CAPACIDADES FÍSICAS BÁSICAS, SU EVOLUCIÓN Y FACTORES QUE INFLUYEN EN SU DESARROLLO.

AUTORES

José Mª Cañizares Márquez

- Catedrático de Educación Física
- Tutor del Módulo del Practicum del Master de Secundaria
- Especialista en preparación de opositores
- Autor de numerosas obras sobre Educación y Preparación Física

Carmen Carbonero Celis

- D. E. A. en Instituciones Educativas
- Licenciada en Pedagogía
- Maestra de Primaria y Secundaria en centros de Educación Compensatoria
- Didacta presencial del Módulo de Pedagogía General en el CAP
- Profesora de Pedagogía Terapéutica en Centro Educación Primaria

Título: CAPACIDADES FÍSICAS BÁSICAS, SU EVOLUCIÓN Y FACTORES QUE INFLUYEN EN SU DESARROLLO.

Autores: José Mª Cañizares Márquez y Carmen Carbonero Celis

Editorial: WANCEULEN EDITORIAL DEPORTIVA, S.L.

C/ Cristo del Desamparo y Abandono, 56   41006 SEVILLA

Dirección web: www.wanceulen.com

I.S.B.N.: 978-84-9993-477-8

Dep. Legal:

© Copyright: WANCEULEN EDITORIAL DEPORTIVA, S.L.

Primera Edición: Año 2016

Impreso en España:

Reservados todos los derechos. Queda prohibido reproducir, almacenar en sistemas de recuperación de la información y transmitir parte alguna de esta publicación, cualquiera que sea el medio empleado (electrónico, mecánico, fotocopia, impresión, grabación, etc), sin el permiso de los titulares de los derechos de propiedad intelectual. Cualquier forma de reproducción, distribución, comunicación pública o transformación de esta obra solo puede ser realizada con la autorización de sus titulares, salvo excepción prevista por la ley. Diríjase a CEDRO (Centro Español de Derechos Reprográficos, www.cedro.org) si necesita fotocopiar o escanear algún fragmento de esta obra.

ÍNDICE

Presentación de la Colección.

Introducción

1. ASPECTOS COMUNES A TENER EN CUENTA EN EL EXAMEN ESCRITO.

    1.1. Criterios de corrección y evaluación que siguen los tribunales.
    1.2. Consejos sobre cómo estudiar los temas. Estrategias.
    1.3. Recomendaciones para la realización del examen escrito. Estrategias.
    1.4. Modelo estandarizado de presentación de examen escrito.
    1.5. Partes estándares a todos los temas.

2. CAPACIDADES FÍSICAS BÁSICAS, SU EVOLUCIÓN Y FACTORES QUE INFLUYEN EN SU DESARROLLO.

COLECCIÓN OPOSICIONES DE MAGISTERIO. ESPECIALIDAD DE EDUCACIÓN FÍSICA

PRESENTACIÓN DE LA COLECCIÓN

Los autores, con muchos años de experiencia en la preparación de oposiciones, hemos plasmado en esta Colección multitud de argumentos y detalles con la finalidad de que cada persona interesada en acceder a la función pública conozca minuciosamente todos los pormenores de la preparación.

La Colección está compuesta por una treintena de volúmenes, de los que veinticinco están dedicados a otros tantos capítulos del temario, y los cinco restantes a cómo hacer y exponer oralmente la programación didáctica y las UU. DD., así como a resolver el examen práctico escrito.

Los destinados a los temas llevan incorporados unos aspectos comunes previos sobre cómo hay que estudiarlos y consejos acerca de cómo realizar el ejercicio escrito.

Los aplicados al examen oral: defensa de la programación y exposición de las U.D.I., también llevan un capítulo referente a cómo es mejor hacer la expresión verbal, el mensaje expresivo, el esquema en la pizarra, etc.

Es decir, los autores no nos hemos ceñido a publicar un temario para las dos pruebas escritas (tema y casos prácticos) y las dos orales (programación y unidades). Hemos querido hacer partícipe de las técnicas que hemos seguido estos años y que tan buen resultado nos han dado, sobre todo a quienes sacaron plaza merced a su propio esfuerzo. No obstante, debemos destacar un aspecto capital: ratio del tribunal, es decir, ¿con cuántos opositores me tengo que "pelear" para conseguir la plaza?

Ya podemos ir perfectamente preparados, que si un tribunal tiene dos plazas para dar y hay diez opositores con un diez... la suerte de tener una décima más o menos en la fase de concurso nos dará o quitará la plaza.

Por otro lado, es conocido que desde hace año en España tenemos diecisiete "leyes de educación", es decir, una por autonomía, además de la que es común para todos y que, como las autonómicas, depende del partido político que gobierne en ese momento. No podemos obviar que la Educación y todo lo que le rodea -incluidos opositores- es un aspecto más de la política, si bien entendemos debería ser justo lo contrario. La formación de nuestros hijos no debe estar en función de unas siglas de unos partidos políticos, porque cuando uno consigue el poder, elimina por sistema lo hecho por el anterior, esté mejor o peor. Ejemplos, por desgracia, hay muchos desde la LOGSE/1990. Así pues, abogamos por un Pacto Educativo que incluya, lógicamente, a opositores y al Sistema de Acceso a la Docencia.

Esto trae consigo que, forzosamente, debamos basarnos en una línea de elementos legislativos. En nuestro caso, además de la nacional, nos remitimos a la de Andalucía. Por ello, las personas opositoras que nos lean deberán adecuar las citas legislativas autonómicas que hagamos a las de la comunidad/es donde acuda a presentarse a las oposiciones docentes.

Para cualquier información corta, los autores estamos a disposición de las personas lectoras en:

oposicionedfisica@gmail.com

INTRODUCCIÓN

Este volumen tiene dos partes claramente diferenciadas:

a) Por un lado tratamos diversos aspectos comunes a todos los temas escritos. Es decir, nos centramos en cómo hay que estudiarlos a partir de los propios criterios de valoración del examen que indica la Consejería de Educación de la Junta de Andalucía, y que suelen ser similares a los de otras autonomías. También incluimos los criterios de otras comunidades, pero no de todas porque se nos haría interminable.

Esta parte también incluye una serie de consejos acerca de cómo estudiar los temas, cuestión que no es baladí porque el opositor está muy limitado por el tiempo disponible para realizarlo.

Esto nos lleva a siguiente punto, el "perfil" de cada opositor, su capacidad grafomotriz muy a tener en cuenta para que en el tiempo dado seamos capaces de tratar el tema elegido con una estructura adecuada a los criterios de evaluación que el tribunal va a usar en la corrección.

Es muy corriente el comentario de "mientras más sepas, más nota sacas y más posibilidades de obtener plaza tienes". Esto trae consigo, en muchas ocasiones, que el opositor se encuentre con "montañas de papeles" sin estructurar, sin saber si un documento reitera lo de otro, sin dominar la capacidad de síntesis ante tanto volumen de definiciones, clasificaciones, teorías, opiniones, etc.

La realidad es muy distinta. El opositor debe llevar preparado al menos veinticuatro documentos (para tener el 100% de que le va a salir en el sorteo un tema estudiado concienzudamente), con la información muy exacta de lo que le da tiempo a escribir correctamente desde todos los puntos: científico, legislativo, autores, estructura del propio examen, sintaxis, ortografía, etc.

Muchas veces nos han preguntado por el conocimiento de los tribunales, si están al día, etc. Nuestra respuesta ha sido siempre la misma: "sabrán más o menos de cada uno de los veinticinco temas, lo leerán con más o menos detenimiento, pero seguro que lo que más saben es corregir escritos porque lo hacen a diario en sus aulas, de ahí que debamos prestar la máxima atención a estos aspectos formales". Para ello añadimos al final una hoja-tipo.

Completamos este primer capítulo con una tabla de planificación semanal que debemos hacer desde un principio para "obligarnos" y seguirla con disciplina espartana, si de verdad queremos tener éxito.

b) Por otro, el Tema 6 totalmente actualizado a fecha de hoy. La persona opositora debe, una vez conozca el volumen de contenidos que es capaz de escribir, hacer un resumen equitativo de cada punto y "cuadrarlo" a su capacidad grafomotriz. A partir de aquí, a estudiarlo... pero escribiéndolo ya que la nota nos la van a poner por lo que escribamos y cómo expresemos esos contenidos. Pero, si en la comunidad donde nos examinemos, el escrito hay que leerlo al tribunal, de nuevo lo haremos, cuanto antes mejor, para ensayar la lectura y que determinadas palabras no se nos "atraganten".

CRITERIOS DE CORRECCIÓN Y EVALUACIÓN QUE SIGUEN LOS TRIBUNALES

Consideramos imprescindible saber **previamente** cómo nos va a evaluar el Tribunal para realizar el examen con respecto a los ítem que va a tener en cuenta. Aportamos varios **modelos** que han transcendido y que, básicamente, se diferencian en la **formulación** de las consideraciones y en su valoración, no en el **fondo**.

CRITERIOS DE EVALUACIÓN EN ANDALUCÍA.

La Consejería de Educación de la Junta de Andalucía informa a los sindicatos, en mayo de 2007, sobre un "borrador" de criterios de evaluación para el "Concurso Oposición al Cuerpo de Maestros 2007". Posteriormente, como pudimos comprobar esa convocatoria y las siguientes, estos criterios se hicieron "firmes".

Transcribimos literalmente los cinco puntos a considerar sobre el tema escrito:

CRITERIOS GENERALES TEMA ESCRITO

Estructura del tema.

a) Presenta un índice.
b) Justifica la importancia del tema.
c) Hace una introducción del mismo.
d) Expone sus repercusiones en el currículum y en el sistema educativo.
e) Elabora una conclusión acorde con el planteamiento del tema.

Contenidos específicos.

a) Adapta los contenidos al tema.
b) Secuencia de manera lógica y clara sus apartados.
c) Argumenta los contenidos.
d) Profundiza en los mismos.
e) Hace referencia al contexto escolar.

Expresión.

a) Muestra fluidez en la redacción.
b) Hace un uso correcto del lenguaje, con una buena construcción semántica.
c) Emplea de forma adecuada el lenguaje técnico.

Presentación.

a) Presenta el escrito con limpieza y claridad.
b) Utiliza un formato adecuado teniendo en cuenta el apartado 4 del artículo 7.4.1. de la Orden de 24 de marzo de 2007, BOJA nº 60 del 26/03/2007.
   Nota: Se refiere a aspectos formales tales como no firmar el examen, entregarlo en un sobre con etiquetas, etc.

Bibliografía/Documentación.

a) Fundamenta los contenidos con autores o bibliografía.
b) Sitúa el tema en el marco legislativo pertinente.

La Consejería de Educación de la Junta de Andalucía informa a los sindicatos, en **junio de 2015**, sobre los criterios de evaluación para el "Concurso Oposición al Cuerpo de Maestros 2015". Transcribimos literalmente los cuatro puntos a considerar sobre el tema escrito:

CRITERIOS GENERALES A TENER EN CUENTA EN LA CORRECCIÓN DEL TEMA ESCRITO (JUNIO 2015).

1. Estructura del tema.

a) Secuencia de manera lógica y clara cada uno de los apartados del tema
b) Expone con claridad

2. Contenidos.

a) Argumenta y justifica científicamente los contenidos
b) Conoce y tarta con profundidad el tema
c) Realiza una transposición didáctica de la teoría expuesta a la práctica
d) Fundamenta los contenidos con autores y bibliografía que realmente hagan referencia al contenido en cuestión, así como a la normativa vigente

3. Expresión.

a) Redacta con fluidez
b) Usa correctamente el lenguaje y presenta una adecuada construcción sintáctica
c) Usa con propiedad el lenguaje técnico específico de la especialidad
d) No se aprecian divagaciones, reiteraciones, etc.

4. Presentación.

a) El ejercicio es legible: no hay que estar deduciendo qué quiere decir ni traduciendo el texto
b) Se observa limpieza y claridad en el ejercicio
c) Usa un formato adecuado

CRITERIOS GENERALES A TENER EN CUENTA EN LA CORRECCIÓN DEL TEMA ESCRITO
(Comunidad de Castilla-La Mancha)

Los criterios de evaluación del tema escrito (Comunidad de Castilla-La Mancha), que tuvieron los tribunales en cuenta en la convocatoria de 2007 y que fueron establecidos por la Comisión de Selección de la Especialidad de Educación Física, son:

CRITERIOS PARA EVALUAR EL TEMA ESCRITO. PARTE "A"	Puntuación
1.- Introducción, justificación, índice y mapa conceptual.	(MÁXIMO 1,5 puntos)
2.- Contenidos específicos	
2.1.- Trata todos los epígrafes del tema. 2.2.- Adecuación de los contenidos al tema. Los contenidos se ajustan al tema. 2.3.- Profundización de los mismos. 2.4.- Organización lógica y clara en cada punto. Atendiendo al índice. 2.5.- Argumentación de los contenidos. 2.6.- Referencia al contexto escolar. 2.7.- Relaciona con otros temas del currículum. 2.8.- Originalidad y creatividad en el tema.	(MÁXIMO 6,5 puntos)
3.- Bibliografía	
3.1.- Bibliografía específica del tema. Cita autores y hace referencias bibliográficas. 3.2.- Aspectos legislativos. Hace referencia a la legislación nacional y autonómica.	(MÁXIMO 0,75 puntos)
4.- Conclusión y valoración personal	(MÁXIMO 0,75 puntos)
5.- Aspectos formales. Presentación, estructura, organización, uso de vocabulario técnico.	(MÁXIMO 0,5 puntos)
6.- Errores	
a. Divagaciones b. Faltas de ortografía c. Errores garrafales	SE VALORARÁ NEGATIVAMENTE POR PARTE DEL TRIBUNAL
Total	10 Puntos.

OTROS CRITERIOS GENERALES A TENER EN CUENTA EN LA CORRECCIÓN DEL TEMA ESCRITO

Otros tribunales siguieron unos criterios de evaluación del examen escrito como los que ahora reflejamos:

		CRITERIOS PARA EVALUAR EL TEMA ESCRITO	
1		Introducción, índice y mapa conceptual	Máximo 1 punto
2		Nivel de contenidos	Máximo 5 puntos
	2.1.	Trata todos los epígrafes del tema	
	2.2.	Los contenidos se ajustan al temario	
	2.3.	Relaciona con otros temas del curriculum	
	2.4.	Hace referencia a la legislación nacional y autonómica	
	2.5.	Cita autores y/o referencias bibliográficas	
3		Aspectos formales: presentación, estructura, organización, vocabulario y ortografía	Máximo 3 puntos
4		Conclusión, valoración personal y bibliografía	Máximo 1 punto

Esta tabla tuvo su origen en la Convocatoria de Castilla La Mancha hace unos años. Sus criterios siguen vigentes.

Cuadro resumen de los Criterios de Evaluación	Temas A
1.- Contenidos específicos a. Adecuación de los contenidos al tema. b. Profundización de los mismos. c. Organización lógica y clara en cada punto (Índice). d. Argumentación de los contenidos. e. Referencia al contexto escolar. f. Originalidad y creatividad en el tema.	2,75 puntos
2.- Introducción y conclusión a. Justificación de la importancia del tema. b. Repercusiones en nuestra área y en el Sistema Educativo. c. Buena introducción del tema. d. Conclusión.	0,5 puntos
3.- Expresión a. Fluidez del discurso. b. Buena redacción, sin errores sintácticos, redundancias... c. Uso del lenguaje técnico.	1 puntos
4.- Presentación a. Limpieza y claridad. b. Formato con variedad de recursos (gráficos, sangrías, diferenciación entre títulos, subtítulos, contenidos, esquema, etc.)	0,5 puntos
5.-Bibliografía a. Bibliografía específica del tema. b. Aspectos legislativos.	0,25 puntos
Penalizaciones a. Divagaciones b. Faltas de ortografía c. Errores garrafales	A restar según criterio del propio tribunal
Totales	5 Ptos.

En 2013, la Convocatoria de Castilla-La Mancha incluían estos criterios:

PARTE 1B *DESARROLLO DE UN TEMA DE LA ESPECIALIDAD*	PESO ESPECÍFICO
1. Estructurar el tema de forma coherente, secuenciada, justificada y equitativa con todos los apartados.	25%
2. En relación a los contenidos desarrollados, responder al tema planteado, adaptándose al currículum, con aportaciones teórico-prácticas, siendo funcional para la práctica docente.	40%
3. Ser original y creativo en el desarrollo del tema, estableciendo conexiones con otros contenidos del currículum, con aportaciones personales fundamentadas que revelan la creación propia e inédita del mismo.	15%
4. El tema será afín a unas bases teóricas, a una fundamentación científica de la que parte el currículum, al tiempo que aporta ideas nuevas.	5%
5. Mostrar una lectura fluida y comprensible, con una actitud transmisora y un desarrollo expositivo que se ciñan al tema.	15%

En la **Convocatoria de Secundaria de Andalucía** de **2016**, los **criterios** o "indicadores" a tener en cuenta por los tribunales para el examen escrito, son:

INDICADORES

● ESTRUCTURA DEL TEMA:

- Índice (adecuado al título del tema y bien estructurado y secuenciado).
- Introducción (justificación e importancia del tema).
- Desarrollo de todos los apartados recogidos en el título e índice.
- Conclusión (síntesis, donde se relacionan todos los apartados del tema).
- Bibliografía (cita fuentes diversas, actualizadas y fidedignas).

● EXPRESIÓN Y PRESENTACIÓN:

- Fluidez en redacción, adecuada expresión escrita: ortografía y gramática.
- Riqueza y corrección léxica y gramatical (IDIOMAS).
- Limpieza y claridad.

● CONTENIDOS ESPECÍFICOS DEL TEMA:

- Nivel de profundización y actualización de los contenidos.
- Valoración o juicio crítico y fundamentado de los contenidos.
- Ilustra los contenidos con ejemplos, esquemas, gráficos…
- Secuencia lógica y ordenada.
- Uso correcto y actualizado del lenguaje técnico.

CONSEJOS SOBRE CÓMO ESTUDIAR LOS TEMAS. ESTRATEGIAS.

Exponemos una serie de consejos que solemos dar a nuestros opositores:

- Cada uno tiene un "método" que ha experimentado durante su vida de estudiante, sobre todo a nivel universitario, de ahí que nuestra influencia sea relativa. No obstante, muchos nos reconocen que *"nunca hemos estudiado en profundidad hasta comenzar a prepararnos las oposiciones"*.

- Reconocemos que hay **múltiples** formas de estudio. Hemos tenido opositores que necesitaban estar tumbados, otros sentados y en total silencio, otros tenían que tener forzosamente una tenue música de fondo, etc. Es decir, existen muchas maneras con más o menos **dependencia/independencia** de **campo**.

- Unos precisan **luz** natural, otros luz blanca o azul, con flexo cercano o con la de la lámpara del techo...

- Hay quien prefiere estudiar a base de **resúmenes** hechos en un procesador de textos y otros, en cambio, tenían que estar a mano.

- Muchos prefieren **grabar** verbalmente los contenidos para reproducirlos cuando viaja, corre, nada o anda y así aprovechar estos "tiempos muertos".

- Otros requieren **gráficos** y mapas conceptuales. Incluso, hemos tenido los que preferían hacer un póster-esquema y colgarlo a la pared para leerlo de pie...

- Otro grupo lo conforman aquellos que prefieren subrayar o señalar los puntos clave con rotulador marcador tipo fluorescente, otros a lápiz... Eso sí, lo señalado debe tener encadenamiento o cohesión interna para verterlo, ya redactado, en el examen, de ahí que **debamos estudiar escribiendo**, porque el examen escrito trata de ello.

- Debemos usar bolígrafos de gel por ser más rápidos en su trazo y papel tamaño A4, que es el que nos van a proporcionar el día del examen. Ojo a los tipos de **bolígrafos permitidos** por los tribunales, debemos estar muy atentos a lo que nos dicen el día de la **presentación**. Independientemente de ello, debemos acostumbrarnos a poner el folio directamente sobre la superficie dura de la mesa, ya que así la velocidad de escritura es superior que si lo situamos encima de otros folios porque éstos hacen que el espacio de apoyo nos frene por ser más blando. Un **reloj** para controlarnos los tiempos es imprescindible también.

- En cualquier caso, no sería bueno estudiar más de dos horas seguidas, sobre todo si estamos sentados. Ello, normalmente, acarrea contracturas dorso-lumbares, en los miembros inferiores, etc. con el consiguiente dolor y molestia. Lo mismo podemos decir a nivel de nuestra visión.

- Realizar **actividad física o deportiva** varias veces a la semana es muy aconsejable por simple razón de compensación y revitalización personal.

- Es bueno, pues, cada dos horas aproximadamente, hacer un **alto horario** de 8-10 minutos para despejarnos mentalmente y estirarnos físicamente. Beber **agua** y la ingesta de **fruta** suele ser positivo. Esto es extensible al día del examen de la oposición.

- No obstante, si la convocatoria nos dice que el escrito durará más de este tiempo, debemos paulatinamente aumentar las dos horas hasta llegar al **tope** marcado.

- Siempre recomendamos realizar una **planificación** semanal personalizada, que regule nuestro **tiempo** destinado al estudio (avance y repaso de los temas del escrito, casos prácticos, exposición oral), al trabajo, deporte, ocio, obligaciones familiares, etc. Ver tabla/ejemplo en la página siguiente.

- **¿Cuánto tiempo dedicar al estudio?** No podemos dar "recetas" pues depende del nivel previo de cada opositor. Hay quien trae excelentes aprendizajes previos de la carrera y hay quien ese nivel lo trae demasiado básico. Otros ya tienen experiencias en oposiciones, etc. Así pues cada uno debe auto regularse en función de sus capacidades y sus circunstancias personales. Genéricamente podemos indicar que, al menos, 4-6 horas/día divididas por un descanso de 10-15 minutos puede ser un estándar adecuado. A partir de ahí, personalizar en función del avance o no obtenido.

- Siempre debemos tener un "**molde personal**" en función de la capacidad grafomotriz, habida cuenta el **ahorro** de tiempo y energía que nos supone seguir esta estrategia.

- De cualquier forma, debemos respetar el dicho popular "*lo que no se recuerda, no se sabe*", de ahí **memorizar comprensivamente** lo más significativo.

- La **memoria**, al igual que ocurre con la condición física, se mejora ejercitándola con frecuencia.

- Tan importante es memorizar un tema nuevo como no olvidar los ya aprendidos, por lo que es necesario **consolidar**, repasando, lo estudiado. Comprobar que dominamos temas anteriores mejora nuestra capacidad de auto concepto.

- De ahí la importancia de estudiar teniendo delante nuestro **resumen personalizado** y olvidarnos de aumentar los contenidos del tema porque, además de crearnos inquietudes, posiblemente no podamos reflejar todo lo que sabemos en el tiempo que tenemos de examen.

Mostramos en el siguiente **gráfico** un claro y rápido ejemplo de cómo auto planificarse el estudio durante la semana a partir de tres **módulos** diarios:

EJEMPLO DE PLANIFICACIÓN SEMANAL-TIPO
Combinación de estudio-repaso-programación-UU.DD.-prácticos-trabajo profesional-descanso

LUNES	MARTES	MIÉRCOLES	JUEVES	VIERNES	SÁBADO	DOMINGO
MAÑANA	MAÑANA	MAÑANA	MAÑANA	MAÑANA	MAÑANA	MAÑANA
TRABAJO	Estudio tema nuevo semana	TRABAJO	Repaso tema nuevo	TRABAJO	Casos Prácticos	Libre
TRABAJO	Estudio tema nuevo semana	TRABAJO	Programación	TRABAJO	Casos Prácticos	Libre
TARDE	TARDE	TARDE	TARDE	TARDE	TARDE	TARDE
Estudio tema nuevo semana	Programación	Repaso temas anteriores	UU. DD.-U.D.I.	Sesión de clase con preparador	Repaso temas anteriores	Repaso temas anteriores

RECOMENDACIONES PARA LA REALIZACIÓN DEL EXAMEN ESCRITO. ESTRATEGIAS.

NOTA: Muchos de los consejos que ahora damos, sobre todo los relacionados con la presentación, escritura, etc. son también aplicables a la realización por escrito de los casos prácticos, si los hubiera.

En las convocatorias anteriores se ha comprobado que la mayoría de aprobados en el examen escrito tenían **buena letra**, además de contenidos notables. Efectivamente, entre los criterios de evaluación que utilizan los tribunales hay algunos puntos destinados a la **presentación** que no podemos desechar. Incluso, si la Orden de la Convocatoria indica que el opositor deberá **leer** su propio **examen** ante el tribunal, éste suele comprobar posteriormente su estructura, sintaxis, ortografía, etc.

No llegar a tiempo a los llamamientos supone la primera **precaución** a tomar. En ocasiones, las instalaciones donde se celebran las oposiciones se ven saturadas desde varios kilómetros antes de llegar. A ello hay que sumar el tiempo para aparcar, buscar el aula asignada, etc. **Llegar tarde** puede suponer la **no presentación** y la consiguiente **eliminación**.

Gracias a las observaciones hechas por los tribunales de años anteriores y por los criterios de evaluación que han transcendido, estamos en disposición de apuntar una serie de anotaciones a considerar por las personas opositoras durante su periodo de preparación con nosotros. Habitualmente los tribunales reservan parte de la nota total para los **aspectos "formales"** del examen, que ahora comentamos. Esto es de vital importancia porque dos opositores con igual cantidad y calidad de contenidos, sacará mejor nota quien mejor lo presente. Ante ello, reservar algunos minutos para poder **revisar** el examen antes de entregarlo, teniendo en cuenta lo siguiente:

- Nadie aprueba con **mala letra**. Igual decimos de la presentación y limpieza.
- Esto lo hacemos extensivo a las faltas de **ortografía**, acentuación, mala **sintaxis**, incorrecciones **semánticas**, **expresión** y **redacción**, **vulgarismos**, **repetir la misma palabra** continuadamente, **tachones**, suciedad, etc. No podemos "escribir igual que hablamos". También, no poner el número del tema elegido o su título. Otro error habitual es el mal uso de los puntos, bien seguido, bien aparte.
- Debemos escribir por **una carilla** -al menos que el tribunal indique otra cosa- con letra más bien grande para facilitar su lectura. No poner detalles como "no recuerdo..."; "creo que..."; "no me da tiempo..."; "me parece que es...".
- La **media de folios** (carillas o páginas) que suelen hacer nuestros preparados están entre **14 y 16**, con **17-22 renglones** cada una (20 lo habitual) y **9 palabras/renglón,** teniendo en consideración unos **márgenes laterales** y **superior e inferior** de 2 a 2'5 centímetros. No obstante, conforme avanza la preparación y la habilidad para escribir este tipo de examen, hay quien aumenta el volumen de páginas de manera significativa, pero siempre manteniendo y respetando los criterios de evaluación que suelen tener los tribunales: letra, limpieza, construcción semántica, ortografía, etc. Si preferimos escribirlo en un procesador de textos, como puede ser "Word", el número de palabras suele estar alrededor de las 2400-2700, aproximadamente.
- Los **renglones** deben ser **paralelos** y siempre con el mismo **interlineado**. En caso de tener problemas para hacerlo, podemos llevarnos una **plantilla** ya hecha, como una hoja tamaño folio de cuaderno de rayas, o bien hacerla allí

mismo con lápiz y regla. Si tampoco pudiese ser (a veces los tribunales han hecho especial hincapié en "no entrar con plantilla, regla, etc."), nos esmeraríamos en la realización de la primera página, aunque tardásemos más tiempo, y ésta nos serviría como "falsilla" o planilla de renglones. Otro "**truco**" es hacerla a partir del **DNI** al que previamente le hemos hecho unas señales minúsculas con la anchura que deseamos. Éste nos sustituiría a la regla.

- No se puede ser "loco o loca" escribiendo. Para ello es importante el **entrenamiento** durante el periodo de preparación. De ahí surge la **automatización** de todos estos aspectos, además del sangrado, márgenes, etc. No poner abreviaturas.
- Por otro lado debemos **numerar** las hojas, incluso algunos lo hacen poniendo "1 de 15; 2 de 15...".
- La utilización de **dos colores** de tinta **no** suele estar **permitido**, como tampoco subrayados para señalizar los títulos, epígrafes, ideas fundamentales, etc., al menos que el tribunal exprese lo contrario. En todo caso, **preguntar** al tribunal antes de empezar si es posible su uso, así como de tippex. También si se pueden poner gráficos, flechas, tablas, etc., si el tribunal lo permite, pero la Orden de la Convocatoria suele prohibirlo por considerarlo posible "**señal**". Un **bolígrafo** tipo **gel** y apoyarnos sobre un **superficie dura** para que éste se deslice mejor, nos permite mayor velocidad de escritura manteniendo su calidad. Quienes suelen hacer tachaduras, previendo que no les dejen usar tippex, pueden optar por un **bolígrafo borrable por fricción** (marca Pilot o similar) que elimina cualquier rastro de su propia tinta. No obstante, determinados "bolígrafos rápidos" que se basan en tinta tipo gel, suelen ser peor para opositores **zurdos**, por razones obvias. Recordamos la necesidad de seguir exactamente las **instrucciones** que nos dé el tribunal al respecto, habida cuenta tenemos experiencias sobre la **anulación** de exámenes por el uso de este tipo de herramienta de escritura.
- No olvidemos que la mayoría de los títulos de los temas tienen tres puntos, por lo que debemos **dividir** la totalidad de materia que escribamos en tres partes similares. De esa forma, evitamos exponer mucho contenido de una parte en perjuicio de otra. Así pues, normalmente haremos tres puntos con varios sub-puntos cada uno buscando la conexión entre los mismos. Además, pondremos el **índice** al principio, tras el título, **introducción**, **conclusiones**, **bibliografía** -que incluye la legislación- y webgrafía. En **resumen**, queda muy bien, limpio y "amplio", la estructuración del examen de esta manera:

    - **Título** del Tema. 1ª página. Mayúsculas y en una única página.
    - **Índice**. 2ª página. En una sola página.
    - **Introducción**. 3ª y 4ª página. Debe tener cierta peculiaridad con objeto de atraer la curiosidad del corrector. Nombrar los descriptores del título y en cada uno dar una o dos referencias del mismo. Podemos "presentarlo" a través de su importancia en el currículo y citar sus referencias legislativas. Usar, preferentemente, dos páginas.
    - **Apartados o descriptores** y los sub-apartados. 5ª página. Es el eje alrededor del cual gira la nota relativa a los contenidos. Incluye definiciones, clasificaciones, teorías, líneas metodológicas, referencias curriculares, aplicaciones prácticas, actividades, etc., todo ello citando a autores y normativa que luego quedarán reflejados en la bibliografía, pero con una redacción técnica. En cualquier caso debemos marcar claramente cuándo finalizamos el primer punto y comenzamos el siguiente. Si somos "olvidadizos", podemos dejar un interlineado relativamente amplio por si nos acordamos después de algún detalle olvidado y deseamos incorporarlo sin tachones.

- **Conclusiones**. Lo más notable que hemos tratado, los puntos clave. Al ser lo último que el corrector lee, deben estar muy cuidadas porque puede influir decisivamente en la nota.
- **Bibliografía**. Reseñar algún libro "comodín" y de los autores nombrados anteriormente. También la legislación significada.
- **Webgrafía**. Alguna general, como revistas digitales, o específica.

En cualquier caso, es **imprescindible** conocer los **criterios de evaluación** que van a seguir los tribunales, máxime si son públicos, como viene ocurriendo en varias comunidades autónomas, y en Andalucía de forma más concreta, tal y como hemos citado en el capítulos anteriores. Debemos, pues, hacer caso de ellos y citar o desarrollar todos los **aspectos** que los criterios mencionan.

Precisamente, el tiempo no lo podemos "regalar" ni despreciar, por lo que si terminamos el examen y aún quedan cinco o diez minutos, debemos **repasar** lo escrito por si se nos ha olvidado algo relevante o no hemos puesto la debida atención a las faltas gramaticales, sesgos sexistas, escritura con "códigos SMS", etc. Así pues, debemos agotar el tiempo subsanando cualquier error.

Si la preparación ha sido buena, nada más hacerse el sorteo de los temas, debemos decidirnos por uno. Inmediatamente nos concentramos y empezamos a desarrollarlo, porque debemos ya tener "**automatizada**" su escritura. Si empezamos a dudar, comenzamos a perder el escaso tiempo que nos dan.

En caso de haber estudiado con "**esquemas**", lo mejor sería hacernos uno en sucio para usarlo como guía en la redacción del examen. Este folio nos sirve también para tomar notas, para ir estructurando el tema, etc. Pero, repetimos, la escritura del tema debemos tenerla automatizada porque si no perdemos el tiempo. Esta hoja la destruiríamos al terminar.

Si hemos preparado una introducción, conclusiones, bibliografía y webgrafía "estándar", podemos irlas escribiendo en el llamado "**tiempo perdido**" que suele haber desde que nos dan los folios hasta que sortean los números de los temas. Después podemos añadir los rasgos específicos del tema ya elegido.

Nuestros preparados suelen preguntarnos por la expresión a usar. Aconsejamos el "**plural mayestático**" (*nosotros, ahora vemos, podemos seguir, observamos,* etc.)

Otro aspecto importante es la **elección** del tema de entre los sorteados. Debemos hacer el que dominemos mejor, el que ya lo hayamos escrito muchas veces durante la preparación, el que nos garantice escribir más folios, en suma, el que nos dé más seguridad.

No olvidar llevarse **agua** y alguna pieza de **fruta**. Normalmente a finales de junio suele hacer mucho **calor** y la sensación de éste aumenta con la tensión del examen.

Ahora adjuntamos una **hoja con un resumen** de los **aspectos formales** del examen escrito del tema, aunque aplicable también a la redacción de los **casos prácticos**.

MODELO ESTÁNDAR DE PRESENTACIÓN PARA PRUEBA ESCRITA

2.- COORDINACIÓN Y EQUILIBRIO EN LA INICIACIÓN AL FÚTBOL ESCOLAR.

2.1. CONCEPTUALIZACIONES PRELIMINARES.

Desde un primer momento es adecuado tener en cuenta que cualquier movimiento, por mínimo que sea, requiere coordinación y equilibrio adecuados. Por ejemplo, abrir y cerrar una mano conlleva que una serie de grupos musculares realicen (agonistas) la acción y que otros se relajen (antagonistas) para que aquéllos puedan actuar, así como que otros grupos estabilicen (fijadores) los de la muñeca para que lo anterior pueda tener lugar (Téllez, 2014).

La coordinación nos permite hacer lo pensado, es decir, realizar la imagen mental que nos hemos hecho, el esquema motor. Está íntimamente ligada a las habilidades y destrezas básicas a través de su relación con la coordinación dinámico general y la coordinación óculo-segmentaria, respectivamente (Mateos y Garriga, 2015).

Precisamente, las edades porpias de la Primaria son las más críticas para el desarrollo de las capacidades coordinativas (Bugallal, 2011).

Si nos fijamos atentamente en un partido de fútbol podemos observar numerosas acciones diferentes y que, mal hechas, pueden producir lesiones, como dejinse:

a) Carreras
b) Saltos
c) Giros
d) Lanzamientos

Todos ellos con infinidad de VARIANTES. Para que todos esos gestos "salgan bien" ~~havrá~~ habrá sido necesario un director que regule todos los mov. Esta es la función del sistema nervioso.

PARTES ESTÁNDARES A TODOS LOS TEMAS.

Muchas de las personas que preparamos tienen **problemas** por la falta de tiempo o de, simplemente, por ser poco capaces de aprender **introducciones, conclusiones, bibliografías, legislación y webgrafía** de cada uno de los temas.

Uno de los **remedios** para no "castigar" la memoria es confeccionarse unos "**estándares**" o "**comunes**" que den servicio a estos apartados.

Si a ello le unimos la racionalidad en la confección del Índice, a partir de los tres o cuatro apartados o descriptores del título del tema, hemos ahorrado un esfuerzo a nuestra memoria.

Así pues, vamos a dar una serie de **consejos** para que cada persona lectora los elabore de una forma sencilla pero eficaz unos textos usuales, si bien deberíamos a continuación podríamos **complementarlos** con unos **rasgos específicos** del tema que, prácticamente, nos vienen dado por el **título** del tema que nos escribirá el tribunal en la pizarra de la sala de examen. Por ejemplo, si la Introducción la hacemos en dos páginas, los aspectos comunes pueden suponer entre el 60-75 %, es decir, página y un tercio de la siguiente. Si la Conclusión la hacemos en una única, las tres cuartas partes podemos dedicarla a los textos estandarizados y el resto a los concretos del tema escrito.

INTRODUCCIONES COMUNES A TODOS LOS TEMAS

Cuando hemos hablado con los componentes de los tribunales, habitualmente nos indican que suelen fijarse en el "detalle" de si el opositor ha puesto desde el principio o no **referencias** a la **legislación actual**, debido a que suelen entender que cualquier tema debe redactarse **a partir** de las leyes educativas, decretos y órdenes que las desarrollan. Así pues, debemos hacer mención, **respetando su jerarquía**, de:

- Ley Orgánica 8/2013, de 9 de diciembre, para la mejora de la calidad educativa (LOMCE). B.O.E. nº 295, de 10/12/2013.
- Ley Orgánica 2/2006, de 3 de mayo, de Educación (LOE). B.O.E. nº 106 del 04/06/2006. (Modificada por la LOMCE/2013).
- Ley 17/2007, de 10 de diciembre, de Educación en Andalucía. B.O.J.A. nº 252, de 26/12/2007.
- M. E. C. (2014). *Real Decreto 126/2014, de 28 de febrero, por el que se establece el currículo básico de la Educación Primaria.* B. O. E. nº 52, de 01/03/2014.
- M.E.C. (2015). *Orden ECD/65/2015, de 21 de enero, por la que se describen las relaciones entre las competencias, los contenidos y los criterios de evaluación de la educación primaria, la educación secundaria obligatoria y el bachillerato.* B.O.E. nº 25, de 29/01/2015.
- JUNTA DE ANDALUCÍA (2015). *Decreto 97/2015, de 3 de marzo, por el que se establece la ordenación y el currículo de la educación Primaria en la comunidad Autónoma de Andalucía.* BOJA nº 50 de 13/013/2015.
- JUNTA DE ANDALUCÍA (2015). *Orden de 17 de marzo de 2015, por la que se desarrolla el currículo correspondiente a la educación Primaria en Andalucía.* BOJA nº 60 de 27/03/2015.

No obstante, entendemos que sería un buen detalle **citar** también a las **Competencias Clave**, habida cuenta su importancia a partir de la publicación de la LOE/2006, actualizada por la LOMCE/2013.

Igualmente podemos hacer mención a la legislación correspondiente a la evaluación o a la relacionada con la atención a la **diversidad**, pero tanto texto no nos cabe, de ahí la necesidad de **sintetizar** la información que consideremos más representativa.

Otra línea es plasmar alguna "**frase hecha**", como "*enseñar Educación física con éxito supone diseñar una programación coherente con el contexto, disponer de un amplio abanico de estrategias didácticas, generar un clima de clase que invite al aprendizaje, utilizar adecuadamente los recursos materiales y tecnológicos e integrar la evaluación en el proceso de aprendizaje*" (Blázquez y otros, 2010).

Otro ejemplo puede ser: "*Uno de los fines genéricos que persigue la Educación Física escolar es el de favorecer la ubicación personal del alumno/a en la sociedad, en una cultura corporal donde la escuela proporcione al alumnado los medios apropiados para su acceso y, en consecuencia, conseguir los beneficios que de ella pueden conseguir: desarrollo personal; equilibrio psicofísico; mejorar la salud; disfrutar del tiempo de ocio; etc., así como el desarrollo de la autonomía personal ante las influencias que imponen los nuevos mitos sociales*". "*El cuerpo y el movimiento como ejes básicos de nuestra acción educativa*"; "*el área de Educación Física se muestra sensible a los acelerados cambios que experimenta la sociedad...*"; "*la importancia de las relaciones interpersonales que se generan alrededor de la actividad física permiten incidir en la asunción de valores como el respeto, la aceptación, la cooperación...*", procedentes de legislaciones pasadas, pero de plena actualidad por la temática expresada.

Posteriormente, en la Introducción debemos hacer referencias a la materia que trata el tema elegido, lo que antes hemos referenciado como "rasgos específicos". Esto nos resulta fácil con un poco de práctica, simplemente comentando una o dos líneas a partir del título del tema que el tribunal detalla en la pizarra. No obstante, el sentido de lo que expresemos debe ir encaminado a lo que "vamos a tratar en el desarrollo del tema..."

CONCLUSIONES COMUNES A TODOS LOS TEMAS

Si en las introducciones se basan en lo que "vamos a estudiar en el tema...", con las Conclusiones ocurre al contrario: "a lo largo del tema hemos visto (escrito, estudiado, tratado, etc.) la importancia de..." Para ello podemos **actuar** como antes, es decir, un par de **párrafos comunes** a todas las temáticas. Por ejemplo, "la trascendencia del conocimiento del propio cuerpo, vivenciándolo y disfrutándolo, además de respetarlo". Otra posibilidad es incluir un párrafo basándonos en algunos ejemplos de estos textos **estandarizados**:

"*Todos los niños y niñas tienen el derecho a una educación de calidad que permita su desarrollo integro de sus posibilidades intelectuales, físicas, psicológicas, sociales y afectivas*" (Decreto 328/2010). "*Entendemos la etapa de primaria como fundamental para el desarrollo de las capacidades motrices del alumnado y donde el docente debe observar las deficiencias de éstos para corregirlas lo más rápidamente posible*".

En Andalucía, la O. 17/03/2015, indica que: "*la Educación Física es un área en la que se optimizan las capacidades y habilidades motrices sin olvidar el cuidado del cuerpo, salud y la utilización constructiva del ocio. En Educación física se producen relaciones de cooperación y colaboración, en las que el entorno puede ser estable o variable, para conseguir un objetivo o resolver una situación. La atención selectiva, la interpretación de las acciones de otras personas, la previsión y anticipación de las propias acciones teniendo en cuenta las estrategias colectivas, el respeto de las normas, la resolución de problemas, el trabajo en grupo, la necesidad de organizar y adaptar las respuestas a las variaciones del entorno, la posibilidad de conexión con otras áreas, el juego como herramienta primordial, la imaginación y creatividad".*

Posteriormente plasmamos algunos rasgos de lo más característico que hemos escrito durante la redacción del tema escogido. Realmente se trata de que destaquemos lo más trascendental de cada uno de los apartados de los descriptores del título, pero con información nueva, expresando que "a lo largo del tema hemos visto la importancia de..." o "hemos indicado en la redacción del tema los conceptos, clasificaciones, didáctica de...".

BIBLIOGRAFÍA COMÚN A TODOS LOS TEMAS

Hay quien diferencia **bibliografía** de **legislación**. Nosotros, al estar ambos documentos en formato papel, lo **unificamos**.

Evidentemente cada tema tiene una serie de volúmenes principales o monográficos de apoyo, pero también está muy claro que hay una serie de **libros generales de didáctica** que vienen muy bien tenerlos en cuenta para ponerlos en la mayoría de los temas. Son las publicaciones que habitualmente se manejan en las facultades de Magisterio. Los tribunales suelen valorar más ediciones de los **últimos años**, aunque siempre habrá libros "clásicos", sobre todo las **monografías** de conocidos autores y que son muy **específicas** de los **temas**. Por ejemplo, Delgado Noguera en temas relacionados con la metodología y organización; Blázquez con evaluación y con la iniciación deportiva; Rigal en motricidad, etc.

Algunos ejemplos de bibliografía **común**, es decir, libros que prácticamente en su totalidad tratan **todas** las **materias** de los veinticinco temas, son:

ADAME, Z. y GUTIÉRREZ DELGADO, M. (2009). *Educación Física y su Didáctica. Manual de Programación.* Fondo Editorial de la Fundación San Pablo Andalucía CEU. Sevilla.

ARRÁEZ, J. M.; LÓPEZ, J. M.; ORTIZ, Mª M. y TORRES, J. (1995). *Aspectos básicos de la Educación Física en Primaria. Manual para el Maestro.* Wanceulen. Sevilla.

BLÁZQUEZ, D.; CAPLLONCH, M.; GONZÁLEZ, C.; LLEIXÁ, T.; (2010). *Didáctica de la Educación Física. Formación del profesorado.* Graó. Barcelona.

CAÑIZARES, J. Mª y CARBONERO, C. (2009). *Currículum de Educación Física en Primaria para Andalucía.* Wanceulen. Sevilla.

CAÑIZARES, J. Mª y CARBONERO, C. (2009). *Currículum de Educación Física en Primaria.* Wanceulen. Sevilla.

CHINCHILLA, J. L. y ZAGALAZ, M. L. (2002). *Didáctica de la Educación Física.* CCS. Madrid.

CONTRERAS, O. R. y GARCÍA, L. M. (2011). *Didáctica de la Educación Física. Enseñanza de los contenidos desde el constructivismo.* Síntesis. Madrid.

CONTRERAS, O. y CUEVAS, R. (2011). *Las Competencias Básicas desde la Educación Física*. INDE, Barcelona.

FERNÁNDEZ GARCÍA, E. -coord.- (2002). *Didáctica de la Educación Física en la Educación Primaria*. Síntesis. Madrid.

FERNÁNDEZ GARCÍA, E. -coord.- CECCHINI, J. A. y ZAGALAZ, Mª L. (2002). *Didáctica de la educación física en la educación primaria*. Síntesis. Madrid.

GALERA, A. D. (2001). *Manual de didáctica de la educación física. Una perspectiva constructivista moderada.* Vol. I y II. Paidós. Barcelona.

GIL MORALES, P. (2001). *Metodología didáctica de las actividades físicas y deportivas*. Fundación Vipren. Cádiz.

SÁENZ-LÓPEZ, P. (2002). *La Educación Física y su Didáctica*. Wanceulen. Sevilla.

SÁNCHEZ BAÑUELOS, F. (1996) *Bases para una Didáctica de la Educación Física y los Deportes*. Gymnos. Madrid.

SÁNCHEZ BAÑUELOS, F. y FERNÁNDEZ, E. -coords.- (2003). *Didáctica de la Educación Física para Primaria*. Prentice Hall.

SÁNCHEZ GARRIDO, D. y CÓRDOBA, E. (2010). *Manual docente para la autoformación en competencias básicas*. C.E.J.A. Málaga.

VICIANA, J. (2002). *Planificar en Educación Física*. INDE. Barcelona.

VILLADA, P. y VIZUETE, M. (2002). *Los Fundamentos teóricos-didácticos de la Educación Física*. Secretaría General Técnica del M. E. C. D. Madrid.

VV. AA. (2008). *Colección de manuales de atención al alumnado con necesidades específicas de apoyo educativo.* (10 volúmenes). C. E. J. A. Sevilla.

ZAGALAZ, Mª L.; CACHÓN, J.; LARA, A. (2014). *Fundamentos de la programación de Educación Física en Primaria*. Síntesis. Madrid.

Esta relación, o parte de ella, no debe aparecer en exclusiva. Antes que nada debemos recordar que es muy conveniente **reseñar autores y año** de publicación **durante** la **redacción** de los diversos apartados o descriptores. Esto, obviamente, nos obliga a incluirlos en la bibliografía "específica" de cada tema. Por ejemplo, en los temas relacionados con la psicomotricidad (7 – 9 – 10 – 11) recomendamos citar a:

RIGAL, R. (2006). *Educación motriz y educación psicomotriz en Preescolar y Primaria*. INDE. Barcelona.

SASSANO, M. (2015). *El cuerpo como origen del tiempo y del espacio. Enfoques desde la Psicomotricidad*. Miño y Dávila editores. Buenos Aires.
TAMARIT, A. (2016). *Desarrollo cognitivo y motor*. Síntesis. Madrid.

Hay una serie de **documentos legislativos** "obligatorios" porque, entre otras cosas, los hemos debido referir en el examen escrito. Además, debemos reseñar otros **específicos** de los temas. Por ejemplo, si tratamos la "evaluación", debemos anotar la Orden de 4 de noviembre de 2015, por la que se establece la ordenación de la evaluación del proceso de aprendizaje del alumnado de educación Primaria en la Comunidad Autónoma de Andalucía.

La legislación general ya la hemos indicado en el apartado anterior sobre "Introducciones comunes", aunque referida a Andalucía. **Cada persona opositora debe adecuarla a la comunidad autónoma donde se presente.**

WEBGRAFÍA COMÚN A TODOS LOS TEMAS

Hoy día muchas de nuestras fuentes consultadas se encuentran en **Internet**, de ahí que debamos señalar algunas **webs fiables**. Nos inclinamos por revistas electrónicas de prestigio en la didáctica general y en la educación física en particular, así como a los portales de las propias **consejerías** de educación de la comunidades autónomas. Todas ofrecen recursos didácticos, experiencias... y legislación aplicada.

Algunos ejemplos, son:

http://www.agrega2.es
http://recursos.cnice.mec.es/edfisica/
http://www.ite.educacion.es/es/recursos
http://www.educarm.es/admin/recursosEducativos#nogo
www.juntadeandalucia.es/educacion/descargasrecursos/curriculo-primaria/index.html
http://www.gobiernodecanarias.org/educacion/webdgoie/
http://www.educarex.es/web/guest/apoyo-a-la-docencia
http://www.catedu.es/webcatedu/index.php/recursosdidacticos
http://www.adideandalucia.es

TEMA 6

CAPACIDADES FÍSICAS BÁSICAS, SU EVOLUCIÓN Y FACTORES QUE INFLUYEN EN SU DESARROLLO.

ÍNDICE

INTRODUCCIÓN.

1. CAPACIDADES FISICAS BÁSICAS. CONCEPTO Y CLASIFICACIÓN.

    1.1. Condición física.
    1.2. Clasificación.
    1.3. Las capacidades físicas básicas en el Diseño Curricular.

2. LA RESISTENCIA. SU EVOLUCIÓN Y FACTORES QUE INFLUYEN EN SU DESARROLLO.

    2.1. Definición.
    2.2. Clasificación.
    2.3. Su evolución y factores que influyen en su desarrollo.

3. LA FUERZA. SU EVOLUCIÓN Y FACTORES QUE INFLUYEN EN SU DESARROLLO.

    3.1. Definición.
    3.2. Clasificación.
    3.3. Su evolución y factores que influyen en su desarrollo.

4. LA VELOCIDAD. SU EVOLUCIÓN Y FACTORES QUE INFLUYEN EN SU DESARROLLO.

    4.1. Definición.
    4.2. Clasificación.
    4.3. Su evolución y factores que influyen en su desarrollo.

5. FLEXIBILIDAD. SU EVOLUCIÓN Y FACTORES QUE INFLUYEN EN SU DESARROLLO.

    5.1. Definición.
    5.2. Clasificación.
    5.3. Su evolución y factores que influyen en su desarrollo.

CONCLUSIONES
BIBLIOGRAFÍA
WEBGRAFÍA

INTRODUCCIÓN

Abordamos este Tema a través del estudio de cada capacidad física básica: definición, clasificación, cómo es su evolución y los factores que inciden en su desarrollo.

Todas las acciones que se realizan en una actividad deportiva (conducciones, pases, saltos y carreras diversas, etc.) requieren un soporte físico considerable. Así, los esfuerzos cardiorrespiratorios, musculares, articulares, neuronales, etc. son decisivos para el rendimiento motor final. Por lo tanto, hay una **relación indirecta** entre la condición física y los objetivos, contenidos y criterios de evaluación, porque las capacidades físicas son unos factores imprescindibles para el movimiento y el juego motor.

No obstante, durante las edades propias de la Etapa Primaria no debemos incidir directamente en su desarrollo, en todo caso al final de la misma puede comenzarse un trabajo "puente" con vistas a la E.S.O., pero siempre bajo el prisma de la "**salud**", prevención de lesiones, valoración de la actividad física, etc. (R.D. 126/2014).

Hasta **Amorós** (1770-1848), el problema de las capacidades físicas sólo había sido tratado de forma sintética; él trató de dar enfoques y soluciones distintas a todos los problemas relacionados con la educación física, siendo concretamente uno de sus seguidores, **Bellin de Coteau**, quién ideó el nombre de las "*cualidades físicas*", distinguiendo la fuerza, la velocidad, la resistencia y la destreza (Álvarez, 1983).

Hasta tal punto las capacidades físicas han tomado importancia, que cada vez se trata más de clasificarlas y definirlas con el fin de adaptar al sujeto a una forma de entrenamiento más específica.

Las capacidades físicas evolucionan con la edad, comenzando su desarrollo más significativo con el inicio de la pubertad, sobre todo entre los 12 y 18 años (Morente, 2005).

1. CAPACIDADES FISICAS BÁSICAS. CONCEPTO Y CLASIFICACIÓN.

Utilizaremos el término "*capacidad*", aunque sabemos que existe un debate abierto sobre "*capacidad*" o "*cualidad*" (Reina y Martínez, 2003).

Las capacidades físicas son cualidades, factores, potencialidades o recursos orgánico-corporales que tiene el individuo. Tal es el caso de doblarse (flexibilidad), correr rápidamente (velocidad). etc. De igual forma podemos afirmar que son unas "predisposiciones innatas" en la persona, factibles de **mejora** en un organismo sano y que permiten todo tipo de movimientos. Se manifiestan en **todas** las habilidades motrices. Por ejemplo, el salto necesita potencia, la cuadrupedia precisa fuerza, etc. (Cañizares, 2004).

También son conocidas por **capacidades condicionales** o **fundamentales** porque condicionan el rendimiento físico del individuo y porque pueden ser desarrolladas mediante el acondicionamiento físico (Hernández y Velázquez, 2004).

1.1. CONDICIÓN FÍSICA.

La **condición física** es el estado de forma que posee cada persona (Torres, 2005). Hay que entenderla como un **sumatorio** de capacidades y constituye el soporte de todo entrenamiento deportivo, ya que no es posible imaginar el aprendizaje y utilización de las distintas técnicas, tácticas de competición, etc. sin el desarrollo de la condición física (Cirujano, 2010). Se sustenta en una base orgánica (aparato locomotor, circulatorio y respiratorio), una buena alimentación (energía) y van a ser susceptibles de mejora con la práctica del ejercicio físico (Peral, 2009).

Morente (2005), basándose en autores como Legido, entiende que la condición física incluye a la condición anatómica, fisiológica y motriz.

En general, la condición física va a venir determinada por el nivel de desarrollo de las diferentes capacidades físicas básicas (fuerza, resistencia, velocidad y flexibilidad) (González, Pablos y Navarro, 2014).

El concepto de **condición biológica** engloba al de física tradicional más la composición corporal, dada la importancia de la misma en nuestra sociedad, donde la **obesidad** es un problema de primer orden (Delgado, Tercedor y Torre, 2008).

En términos generales decimos que un deportista está en **buena** condición física cuando es capaz de rendir en condiciones normales y responder a los esfuerzos que le exige la actividad deportiva que realiza, por lo que sus capacidades físicas básicas y combinadas están en **pleno desarrollo** o han alcanzado su cumbre, así como la personalidad, que es otro factor que influye en el rendimiento. Ya hemos dicho que estos términos están **mediatizados** por unas condiciones **intrínsecas** tales como condición anatómica, sistemas nervioso, muscular, respiratorio, vascular, etc., pero también por unas condiciones **extrínsecas**: ambiente sociocultural, alimentación, etc.

No obstante, debemos **huir** de lo que conocemos por "**rendimiento deportivo**" y centrarnos en los aspectos educativos y saludables. Así pues, toda connotación a los sistemas de entrenamiento y su control, así como los modernos sistemas de gestión y software comercial para análisis del rendimiento: Focus, Quintic, Prozone, Dartdish, Crickstatm SiliconCoach, SportsCode, etc. **no** tiene ningún tipo de **aplicación** en el ámbito educativo (Pérez Turpin, 2012).

Por ello, la forma de incrementar la condición física en el alumnado de Primaria se basa en el **acondicionamiento físico básico** o mejora de las capacidades físicas básicas a través de la práctica de la Educación Física de Base y como **factor de ejecución de la habilidad motriz** (Avella, Maldonado y Ram, 2015). Como estamos en el ámbito educativo y recreativo, el componente **salud** es primordial, de ahí que hoy día se hablemos del término "*condición física-salud*". Al contrario, el **acondicionamiento físico específico** se corresponde con el rendimiento deportivo y la competición, identificándose con el término *"condición física-rendimiento"*, del que debemos huir en nuestra etapa educativa (Delgado y Tercedor, 2002).

"Acondicionamiento físico es el desarrollo intencionado de las capacidades físicas. El resultado obtenido será el grado de condición física" (Generelo y Lapetra, 1993).

1.2. CLASIFICACIÓN.

Aunque a lo largo de los años cada autor tenía una opinión distinta a la de los demás, hoy día hay establecidos dos grandes grupos de capacidades: Físicas y Motrices (Perceptivo-Motrices para algunos) y un tercero que combina a las dos anteriores.

Las **capacidades físicas básicas** son aquellas que se caracterizan por ser más **independientes** unas de otras. Por ejemplo, podemos trabajar únicamente la fuerza o la resistencia. Las **motrices** son aquellas que necesitan un gran aporte del **S. Nervioso** y están **ligadas** unas con otras. Es muy difícil trabajar de forma autónoma coordinación sin equilibrio o viceversa. Las **combinadas** resultan de la **unión** de dos o más básicas más coordinación y equilibrio.

Cañizares (2004), sintetiza las clasificaciones en el siguiente mapa conceptual:

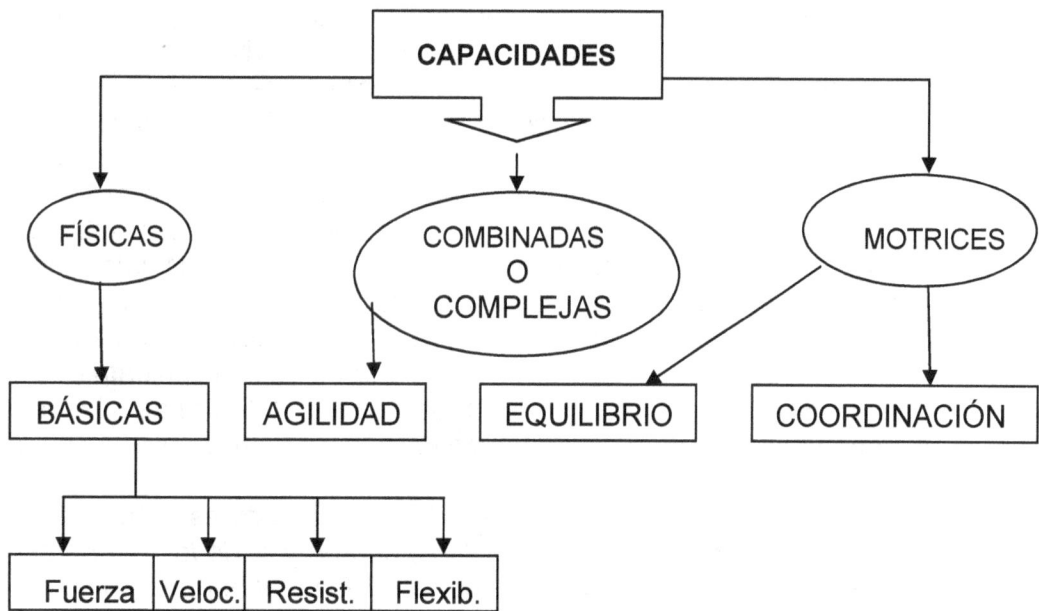

Cada una de ellas tiene, por regla general, numerosas **variantes**.

Bouchard (Canadá), citado por Álvarez (1983), especifica las capacidades orgánicas (resistencia orgánica o aeróbica -"endurance" en países francófonos-); musculares (fuerza, potencia, resistencia muscular o anaeróbica y flexibilidad) y perceptivo-cinéticas (velocidad, coordinación, habilidad y equilibrio).

También Grosser (1988), citado por Mora (1989), detalla que la condición física viene determinada por Fuerza, Rapidez, Resistencia y

Movilidad. Igualmente Gundlack (1968), citado por Mora (1989), determina a las capacidades condicionantes y coordinativas, y así numerosos autores.

García Manso y cols. (1996), citados por León (2006), establecen dos grupos: capacidades condicionales y capacidades coordinativas.

1.3. LAS CAPACIDADES FÍSICAS BÁSICAS EN EL DISEÑO CURRICULAR.

Las capacidades físicas se diversifican con claridad en los currículos de la Educación Obligatoria. En Primaria se hace una presentación global de ellas dentro de un marco de práctica de las habilidades motrices. En edades posteriores, se limitan a objetivos muy influidos por el modelo condición física-salud, con esfuerzos moderados y evaluación criterial. La idea de la educación física-rendimiento dejó de existir oficialmente en la escuela (Navarro, 2007).

El **R. D. 126/2014** destaca para esta Etapa el binomio "condición física-salud creando hábitos saludables". Dentro de los elementos curriculares, apuntamos:

a) **CC. CLAVE**
Competencia sociales y cívicas. Las actividades dirigidas a la adquisición de las habilidades motrices requieren la capacidad de asumir las diferencias así como las posibilidades y las limitaciones propias y ajenas. El cumplimiento de las normas que rigen los juegos colabora con la aceptación de códigos de conducta para la convivencia. La Educación física ayuda a entender, desarrollar y poner en práctica la relevancia del ejercicio físico y el deporte como medios esenciales para fomentar un estilo de vida saludable que favorezca al propio alumno, su familia o su entorno social próximo. Se hace necesario desde el área el trabajo en hábitos contrarios al sedentarismo, consumo de alcohol y tabaco, etc.
Competencia digital en la medida en que los medios informáticos y audiovisuales ofrecen recursos cada vez más actuales para analizar y presentar infinidad de datos que pueden ser extraídos de las actividades físicas, deportivas, competiciones, etc. El uso de herramientas digitales que permitan la grabación y edición de eventos (fotografías, vídeos, etc.) suponen recursos para el estudio de distintas acciones llevadas a cabo.

b) **Objetivos de Etapa**: El objetivo más relacionado es el "k": *"valorar la higiene y la salud, aceptar el propio cuerpo y el de los otros, respetar las diferencias y utilizar la educación física y el deporte como medios para favorecer el desarrollo personal y social"*, habida cuenta la condición física está presente en las prácticas de juegos motores en mayor o menor medida. Por ejemplo, velocidad en los juegos de relevos.

La **O. del 17/03/2015**, indica:

c) **Objetivos de Área**: Objetivo 2: *Reconocer y utilizar sus capacidades físicas, habilidades motrices y conocimiento de la estructura y funcionamiento del cuerpo para el desarrollo motor, mediante la adaptación del movimiento a nuevas situaciones de la vida cotidiana.*

Objetivo 4: *Adquirir hábitos de ejercicio físico orientados a una correcta ejecución motriz, a la salud y al bienestar personal, del mismo modo, apreciar y reconocer los efectos del ejercicio físico, la alimentación, el esfuerzo y hábitos posturales para adoptar actitud crítica ante prácticas perjudiciales para la salud.*
Objetivo 6: *Conocer y valorar la diversidad de actividades físicas, lúdicas, deportivas y artísticas como propuesta al tiempo de ocio y forma de mejorar las relaciones sociales y la capacidad física, teniendo en cuenta el cuidado del entorno natural donde se desarrollen dichas actividades.*

d) **Bloques de contenidos**. En el **bloque** nº 2 "*La Educación física como favorecedora de la salud*", se especifican muchos aspectos relacionados con la condición física, como:
- Movilidad corporal orientada a la salud (1º C.)
- Mejora genérica de la condición física-salud (2º C.)
- Calentamiento y recuperación (3º C.)

El **R. D. 126/2014**, indica:

e) **Criterios de evaluación**. El nº 6 nos dice: 6. "*Mejorar el nivel de sus capacidades físicas, regulando y dosificando la intensidad y duración del esfuerzo, teniendo en cuenta sus posibilidades y su relación con la salud*".

f) **Estándares de aprendizaje**. Los correspondientes al 6º criterio, son:

6.1. Muestra una mejora global con respecto a su nivel de partida de las capacidades físicas orientadas a la salud.
6.2. Identifica su frecuencia cardiaca y respiratoria, en distintas intensidades de esfuerzo.
6.3. Adapta la intensidad de su esfuerzo al tiempo de duración de la actividad.
6.4. Identifica su nivel comparando los resultados obtenidos en pruebas de valoración de las capacidades físicas y coordinativas con los valores correspondientes a su edad.

2. LA RESISTENCIA. SU EVOLUCIÓN Y FACTORES QUE INFLUYEN EN SU DESARROLLO.

La resistencia es uno de los componentes básicos en el rendimiento deportivo y es usualmente tenida como la más importante para tener una buena condición fisiológica, debido a que nos permite realizar una carga intensa mucho tiempo, así como recuperarnos tras un esfuerzo (González, Pablos y Navarro, 2014).

Su manifestación más clásica se observa en las carreras de larga distancia, donde los corredores utilizan sus reservas energéticas (Legaz, 2012). En el ámbito escolar supone que los alumnos participen dinámicamente en sus juegos durante el segundo tiempo pedagógico.

2.1. DEFINICIÓN.

La colectividad de autores consideran la resistencia como *"la capacidad de realizar un esfuerzo de mayor o menor intensidad durante el máximo tiempo posible"* (Torres, 2005), aunque también puede definirse como *"la capacidad de oposición del individuo a la fatiga"* (Harre 1987, citado por Reina y Martínez, 2003). Piñeiro (2006b), en su estudio, establece la importancia del cansancio en la definición de resistencia: *"capacidad de resistir frente al cansancio"*, diferenciando diversos tipos de éste: físico, mental, sensorial, motor y motivacional, así como sus causas y síntomas objetivos y subjetivos.

2.2. CLASIFICACIÓN.

Al repasar la bibliografía existente nos encontramos tantas clasificaciones como autores. A los conceptos tradicionales se le han ido añadiendo distintos tipos según se empleen para su clasificación unos códigos u otros. Los criterios más extendidos los resumimos en este cuadro:

CONCEPTOS CLASIFICATORIOS DE RESISTENCIA (Adaptado de Zintl, 1991, Los Santos, 2004, Piñeiro, 2006b y González y Navarro 2010)			
• **Participación muscular** - Según el volumen muscular que interviene: . R. Local . R. General - Según la forma de intervención de la musculatura esquelética: . R. Dinámica . R. Estática	• **Sistema energético** - R. Aeróbica . Glucídica . Lipídica - R. Anaeróbica . Láctica . Aláctica	• **Duración del esfuerzo** - R. Aeróbica: . Duración Corta . " Media . " Larga - R. Anaeróbica: . Duración Corta . " Media . " Larga	• **Relación con la actividad deportiva** - R. de Base - R. Específica

Nos centramos en los tipos de resistencia más **tradicionales**, en base a la **solicitud de Oxígeno**:

a) **Resistencia aeróbica.-** Es la capacidad de mantener un esfuerzo de **media** intensidad durante un tiempo prolongado (Anselmi, 2015). Se realiza en presencia de oxígeno, o lo que es lo mismo, el oxígeno que necesitan los músculos para su actividad proviene en su mayor parte del que tomamos a través de la respiración, sin necesidad de obtenerlo de las reservas de nuestro organismo, por lo tanto, **no** se produce deuda de oxígeno y se considera un esfuerzo en "equilibrio" entre el gasto y el aporte, con una duración ilimitada (Maynar y Maynar -coords.-, 2008).

La resistencia aeróbica la podemos subdividir en:

- **Capacidad aeróbica**: Aquí se ubican los esfuerzos en los que el metabolismo aeróbico es claramente predominante. Por ejemplo, la

Carrera Continua (para algunos "extensivo continuo").

- **Potencia aeróbica**: Serán los esfuerzos que se van aproximando a la igualdad entre los dos tipos de metabolismo (aeróbico y anaeróbico), considerándose el límite cuando en un ejercicio se produce un 50% de cada uno, por ejemplo una carrera de 1500 m. al máximo de las posibilidades personales (Generelo y Lapetra, 1993).

CUADRO: Características fundamentales de ambas resistencias.

	RESISTENCIA AERÓBICA	RESISTENCIA ANAERÓBICA
Frecuencia cardiaca (aprox.)	120-160 p. m.	+ 180 p. m.
Duración	Larga (+10 min.)	Corta (20 " - 2')
Intensidad	Media/Suave (<80%)	Alta
Aconsejable en Primaria	Sí	No

b) **Resistencia anaeróbica.-** Es la capacidad de mantener un esfuerzo de **alta** intensidad durante el mayor tiempo posible. Se realiza en ausencia de oxígeno, es decir, existe un predominio de los procesos anaeróbicos sobre los aeróbicos, al obtener una gran parte del oxígeno necesario para la actividad de las **reservas** del organismo. Por ello se produce una deuda de oxígeno que es proporcional al mayor o menor predominio de los procesos anaeróbicos. La podemos subdividir en (Maynar y Maynar -coords.-, 2008):

- **Capacidad anaeróbica**: Comprende los esfuerzos en los que la deuda de oxígeno aún no es excesiva, a pesar del predominio del metabolismo anaeróbico, por ejemplo una prueba de 800 m.

- **Potencia anaeróbica**: Engloba a los esfuerzos cuya deuda de oxígeno es muy manifiesta, por tanto habrá un gran predominio del metabolismo anaeróbico. El ejemplo más visible es una prueba de 400 m. (Generelo y Lapetra, 1993).

Estos dos tipos de resistencia se combinan durante los **juegos motores** de niñas y niños en los tres tiempos pedagógicos.

En cuanto a las **fuentes energéticas** solicitadas en el trabajo de la resistencia, el **ATP** es el único **producto** que permite la contracción muscular.

En el siguiente croquis, extraído de Comes (2000), Hernández y Velázquez (2004), Forteza y Ramírez (2005) y Piñeiro (2006b), entre otros, resumimos **cómo se produce** a través de los **tres sistemas** o vías más conocidos.

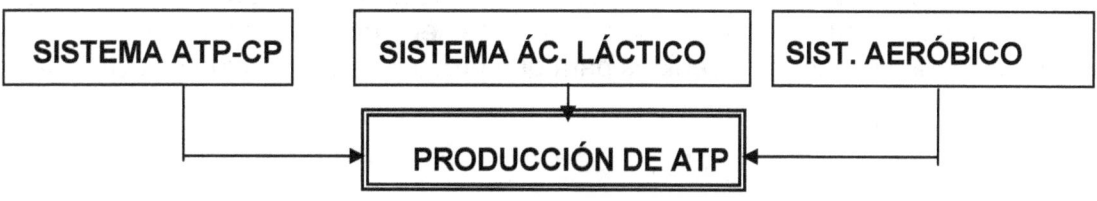

- **Sistema ATP-CP→** (Adenosín – trifosfato) y (fosfocreatina). Está almacenado en los músculos y es la primera vía utilizada en los esfuerzos violentos. Dura unos pocos segundos.
- **Sistema Ácido Láctico→** Asegura el suministro energético mediante las reservas de glucógeno del citoplasma de la célula muscular, con producción de ácido láctico. Utilizable muy pocos minutos.
- **Sistema Aeróbico→** Esta fuente se usa en esfuerzos largos y de baja intensidad. El suministro de oxígeno es suficiente para oxidar y resintetizar el ácido láctico en glucógeno, con la liberación de anhídrido carbónico, agua y energía.

2.3. SU EVOLUCIÓN Y FACTORES QUE INFLUYEN EN SU DESARROLLO.

Seguimos a Mora (1989), Batalla (1995), Sebastiani y González (2000), Reina y Martínez (2003), Los Santos (2004), Cañizares (2004), Forteza y Ramírez (2005), Morente (2005), Piñeiro (2006b), Hornillos y Lera (2006), León (2006), Gómez Mora (2008), Rosillo (2010), González y Navarro (2010), López Chicharro y otros (2013), González, Pablos y Navarro (2014) y Anselmi (2015).

Hasta los 12 años el tipo de resistencia que, sobre todo, debemos desarrollar es la **aeróbica**, y dentro de ella la **capacidad** aeróbica. Diversos autores, como Köler (1977), Berg (1980), etc. -citados por Hornillos y Lera (2006)- manifiestan que niñas y niños entre ocho y doce años tienen excelentes condiciones para realizar esfuerzos aeróbicos muy efectivos, con niveles de adaptación parecidos a los de las personas adultas, porque metabolizan los ácidos grasos con un tasa de oxidación de lípidos superior a las de los mayores. Convenimos utilizar juegos de carrera (de letras, populares, etc.); juegos relacionados con las habilidades motrices, etc.

Prácticamente la totalidad de los autores coinciden en que la resistencia **anaeróbica no** se debe trabajar en estas edades, esto no debemos entenderlo de forma categórica ya que en muchos momentos, niñas y niños, van a **entrar** en fases anaeróbicas, tanto durante sus juegos con los amigos, como en una clase de educación física, y esto no nos debe extrañar. Debemos tener en cuenta, que su respuesta cardiaca es **superior** a la de los adultos, y por tanto con un elevado número de pulsaciones pueden estar trabajando en aerobiosis. Simplemente en ejercicios de marcha pueden oscilar entre 120 y 130 pulsaciones, lo que para un adulto supondría casi un esfuerzo de capacidad aeróbica. Ante esta circunstancia, lo mejor es **no forzarlos**, dejarlos recuperar libremente y con naturalidad.

Por otro lado, debemos atender a la **globalidad** y no trabajar exclusivamente la resistencia aeróbica o "de base", entre otras cosas porque puede producir efectos negativos en los niveles de velocidad y potencia. Independientemente de ello y habida cuenta que nos referimos a chicas y chicos de Primaria, su desarrollo debe basarse en una metodología amena y motivadora, con juegos divertidos para que provoquen la atención selectiva hacia lo lúdico.

En cualquier caso, debemos tener en cuenta a unos "**indicadores subjetivos**" para controlar la resistencia y evitar sobre esfuerzos. Por ejemplo, centelleo de los ojos, ejecuciones incorrectas o descoordinadas de habilidades y destrezas, pérdida de la concentración y apatía ante estímulos externos -incluida mala percepción-, sudoración desmedida o fría con palidez en ciertos casos, sofocación, sensación de debilidad o decaimiento, aparición de manchas rojas en la piel etc.

En los últimos años se relaciona la frecuencia cardiaca con la **zona de actividad**. Ésta se refiere a los distintos ritmos o intensidades que podemos llevar a cabo cuando hacemos resistencia. Partimos de las cinco zonas de actividad definidas por Edwards (1996), por lo que es necesario conocer previamente los porcentajes de ritmo cardiaco personal, y que se calculan a partir de la frecuencia cardíaca máxima teórica aconsejable (220 – edad en hombres y 226 – edad en mujeres). Este autor formula estos cinco espacios de intensidades, desde el aeróbico más liviano hasta el anaeróbico más duro.

% Ritmo cardiaco	Zona de entrenamiento:
50-60%	Zona de actividad moderada. Para quienes se inician. Calentamiento.
60-70%	Zona de control de peso. La energía procede de la degradación de las grasas.
70-80%	Zona aeróbica. Mejora cardiorrespiratoria en general.
80-90%	Zona de umbral anaeróbico. Ritmo duro. Se metaboliza ácido láctico. No abusar.
90-100%	Zona de la línea roja. Peligro. Para muy entrenados.

En **Primaria** debemos mantenernos dentro de los **tres primeros**.

Resumimos la **evolución** de la Resistencia en la siguiente tabla (Torres, Párraga y López, 2001):

EVOLUCIÓN DE LA RESISTENCIA EN LAS EDADES DE EDUCACIÓN PRIMARIA	
1º Ciclo	Mejora la resistencia (ajuste motor) en los esfuerzos aeróbicos. No hay diferencia entre los sexos.
2º Ciclo	Al poseer mejor coordinación se hacen movimientos más eficaces y económicos y ello se refleja en esfuerzos de mayor duración.
3º Ciclo	Los test denotan mejor capacidad para resistir esfuerzos continuados. Hacia los 11 años (niñas) y 12 años (niños), se entra en fase de menor capacidad para resistir esfuerzos continuados por aparición de la pubertad.

Siguiendo a Cambeiro (1987) y Piñeiro (2006b), podemos resumir los **factores** que influyen en su desarrollo en:

- Número de mitocondrias de la fibra muscular. A más estructuras de combustible, más capacidad de soportar esfuerzos.

- Consumo de oxígeno que es capaz de tener el individuo. Es la mayor cantidad de O_2 que el organismo es capaz de utilizar en condiciones de actividad máxima.

- Cantidad de deuda de oxígeno que es capaz de soportar. A más capacidad de soportar el débito, mejor rendimiento.

- Tipo de fibra dominante, la roja es favorecedora de la resistencia.

- Cantidad de glucógeno en el músculo y de hemoglobina en sangre.

- Calidad y cantidad de los vasos sanguíneos en el músculo.

- Volumen cardíaco y capacidad pulmonar.

- Umbral anaeróbico. Es el momento en el que durante una actividad de intensidad creciente, el mecanismo anaeróbico de obtención de energía empieza a tener más importancia que el aeróbico.

- Capacidad para soportar y eliminar el lactato, que es un producto de desecho.

- Coordinación general. Es básica para no malgastar energía.

- Edad.

- Aspectos psicológicos, en gran parte influidos por los anteriores: ansiedad, miedo a la competición, autoconfianza, motivación

Estos factores están **relacionados** entre sí, por lo que no debemos verlos de forma aislada.

La Resistencia podemos valorarla en Primaria (preferentemente en 6º curso) con test de 600 metros, Mini Cooper, Course Navette o de Leger, etc.

3. LA FUERZA. SU EVOLUCIÓN Y FACTORES QUE INFLUYEN EN SU DESARROLLO.

La fuerza es la principal fuente de movimiento, es la base de todo dinamismo corporal (Anselmi, 2015). Dentro de las capacidades físicas básicas, constituye uno de los factores fundamentales para la obtención del resultado deportivo González y Navarro (2010). Las interpretaciones que se han hecho de la fuerza varían de unos autores a otros, dando diversos sentidos al mismo concepto (Piñeiro, 2006a).

3.1. DEFINICIÓN.

La fuerza puede ser definida desde diferentes ámbitos: mecánico, fisiológico y deportivo (León, 2006).

Morehouse-Miller (1986) la definen como "*La capacidad de ejercer tensión contra una resistencia*". Mosston (1978) entiende que es: "*La capacidad de vencer una resistencia exterior o de adaptarla por medio de un esfuerzo muscular*", ambos citados por Piñeiro (2006a). Normalmente estos son los dos autores más nombrados.

3.2. CLASIFICACIÓN.

La fuerza casi nunca se manifiesta en el humano de forma pura. Cualquier movimiento implica la participación de varias expresiones de fuerza (González Badillo y Gorostiaga, 2002).

Portolés (1995), basándose en Álvarez (1983), entre otros, establece **tres grupos** en función de la **masa** a mover y de la **velocidad** de ejecución de los movimientos, como vemos en estos cuadros.

  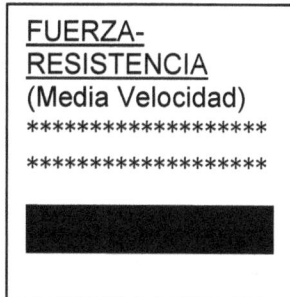

En este dibujo podemos observar que el **trazo oscuro** se corresponde con la carga o peso a vencer y las ******** con la velocidad de ejecución del movimiento a efectuar.

Existen muchas clasificaciones en función de otros factores. Una muy conocida es por el tipo de contracción muscular realizada, aunque destacando que hay dos más **primarias**: isotónica e isométrica y las demás son **combinaciones** de éstas (Segovia y otros, 2009):

1. Contracciones más primarias:

A) **Isotónica o Anisométrica.** Tipo de contracción en la que la fibra muscular, además de contraerse, modifica su longitud. La tensión no será máxima en todo su recorrido. Hay dos clases de contracción Isotónica:

- **Concéntrica.** Cuando durante la contracción la longitud del músculo disminuye.
- **Excéntrica.** Cuando durante la contracción la longitud del músculo aumenta.

Se corresponde con la **fuerza-resistencia** y con la **fuerza-rápida**.

B) **Isométrica.** Tiene lugar cuando el músculo ejerce la fuerza contra un peso u objeto inamovible. El músculo conserva la misma longitud. Se identifica con la **fuerza máxima**.

2. Combinaciones de contracciones:

A) **Auxotónica.** Resulta de la combinación de una contracción isotónica y otra isométrica. Se produce en algunos juegos populares, como el "soga-tira", "pulso" y "pulso gitano". También en ciertos deportes de lucha como Judo.

B) **Isocinética**. Es una contracción isotónica constante durante todo el recorrido articular. Por ejemplo, natación a braza, piragüismo y remo.
C) **Pliométrica**. Combina una contracción isotónica excéntrica, seguida de una concéntrica, con un mínimo intervalo de isometría entre ambas. Por ejemplo, a la hora de hacer un salto, antes de hacerlo hacemos una pequeña semi flexión de rodillas.

La forma en que el músculo genera **tensión** puede ser, como la contracción, muy variada. Cuadrado, Pablos y García (2006), resaltan dos grandes grupos: **Tónica** (mantenida) y **Fásica** (breve). A partir de aquí surgen numerosas variantes que se corresponden con los tipos de fuerza que se realice: explosivo-tónica, fásica-tónica, explosivo-balística, veloz-cíclica, etc.

3.3. SU EVOLUCION Y FACTORES QUE INFLUYEN EN SU DESARROLLO.

Extractado, entre otros, de Generelo (1993), Manno (1999), Sebastiani y González (2000), González Badillo y Gorostiaga (2002), Reina y Martínez (2003) Los Santos (2004), Cañizares (2004), Forteza y Ramírez (2005), Morante (2005), Piñeiro (2006a), Cuadrado, Pablos y García (2006), León (2006), Gómez Mora (2008), Rosillo (2010), González y Navarro (2010), Legaz (2012), (González, Pablos y Navarro, 2014) y Anselmi (2015).

Hasta los 10 años, la fuerza aparece por igual en chicas y chicos. Como la pubertad se inicia antes en ellas, hacia el final de la Etapa Primaria las niñas son más fuertes que los niños porque el músculo, de una forma natural, aumenta en grosor y longitud, con el consiguiente incremento ponderal. Poco a poco se va incrementando en periodos muy significativos.

Resumimos la **evolución** de la Fuerza en la siguiente tabla (Torres, Párraga y López, 2001):

EVOLUCIÓN DE LA FUERZA EN LAS EDADES DE EDUCACIÓN PRIMARIA	
1º Ciclo	Evolución natural por crecimiento y maduración. La base de su aplicación recae en el conocimiento del propio cuerpo.
2º Ciclo	La evolución viene determinada por el crecimiento y mejora de la coordinación.
3º Ciclo	Se incrementa la fuerza-velocidad por mejor coordinación y potencia de salto. Su aumento es constante a partir de los 11-12 años en chicas y en los chicos a partir de los 12-13 años. Sigue una evolución paralela al crecimiento corporal.

Podemos resumir los **factores que influyen en su desarrollo**, en:

- Sección transversal. A más diámetro, más fuerza.
- Longitud y grado de tensión previa del músculo. A más longitud, más fuerza. Además, la pre-tensión o semi-flexión ayuda a conseguir mejores valores.
- Tipo de fibra, la blanca es más potente que la roja.

- Edad y sexo.
- La eficacia mecánica. Relacionada con la cadena cinética y el grado de coordinación agonista/antagonista.
- Momento de inercia. Es mejor partir con un movimiento previo.
- Motivación.
- Factores hormonales relacionados con las hormonas testosterona, insulina y del crecimiento, entre otras.
- Temperatura del músculo. El calentamiento previo mejora la capacidad de contracción.
- Grado de cansancio y buena alimentación.

En cuanto a su **medición**, al final de la Etapa Primaria, podemos utilizar los test que están **estandarizados**, con objeto de controlarla:

- Tren superior: Lanzamiento del balón medicinal de 2 Kg. desde sentados o desde de pie.
- Tren inferior: Salto en profundidad, trisalto, pentasalto y detente.
- Tronco: Abdominales durante 20 ó 30 segundos con rodillas flexionadas y brazos cruzados al pecho.

4. VELOCIDAD. SU EVOLUCIÓN Y FACTORES QUE INFLUYEN EN SU DESARROLLO.

Es uno de los recursos físicos fundamentales para la práctica de cualquier deporte. Puede decirse que la velocidad es una capacidad innata en cuanto caracteres fisiológicos se refiere, pero mejorable en cuanto a la capacidad de coordinación, técnica y potencia (Anselmi, 2015). Claro está, que lo referido a lo heredado va a ser decisivo y casi definitivo para el futuro de esta capacidad en el sujeto (González, Pablos y Navarro, 2014).

4.1. DEFINICIÓN.

Podemos definirla de varias formas, según el tipo al que nos refiramos. De forma general, es la *"capacidad de realizar movimientos con la máxima rapidez"* (Torres, 2005).

4.2. CLASIFICACIÓN.

Existen multitud de tipos de velocidad. Cañizares (2004), las agrupa en dos categorías:

FORMAS PRIMARIAS DE VELOCIDAD	VARIANTES DE LA VELOCIDAD
a) V. Reacción	d) V. Aceleración
b) V. Segmentaria o Gestual	e) V. - Resistencia
c) V. Traslación o de Desplazamiento	f) V. Agilidad
	g) V. con balón

Las primarias son más "puras", buscan exclusivamente la explosividad. Las otras dependen de otros factores, como la coordinación.

a) V. de Reacción. Se suele definir como "*la capacidad de responder, en el menor tiempo posible, ante la aparición de un estímulo*" (Freire, 2000).

Distinguimos **dos** tipos de velocidad de reacción:

- **V. de reacción simple**. Cuando la respuesta es siempre la misma ante un estímulo que es conocido (Piñeiro, 2007). Por ejemplo, saltar a la palmada.

- **V. de reacción discriminativa**. Cuando la respuesta varía dependiendo del estímulo exterior. Es el caso típico de la mayoría de los deportes de equipo donde hay un móvil por medio: voleibol, fútbol, etc. Existen varios estímulos y una única respuesta. Por ejemplo, el base de B. Cesto analiza a quién pasar y elige al mejor situado en brevísimas fracciones de tiempo.

a) **V. Segmentaria o Gestual**. Consiste en realizar un gesto técnico deportivo de forma explosiva. Distinguimos dos tipos:

- **Velocidad acíclica**. Es un único movimiento realizado a gran velocidad. Por ejemplo, remate en voleibol, lanzamiento a puerta en balonmano, etc.

- **Velocidad cíclica**. Es una sucesión de movimientos realizados a gran velocidad. Por ejemplo, el ciclista en un esprint.

c) V. de Desplazamiento. La mayoría de autores coinciden en definirla como "la capacidad que permite recorrer una distancia corta y recta en el menor tiempo posible". En estas acciones se sabe que el individuo no llega directamente a su máxima velocidad, sino que tarda unos segundos en alcanzarla y que, una vez obtenida, no se puede mantener demasiado tiempo. La velocidad de traslación viene determinada por unos factores propios, por lo que no puede ser una capacidad **aislada** (Grosser, 1992):

- **Amplitud de zancada**. A su vez depende del poder de impulsión o **potencia**, la **longitud** de los miembros inferiores, la **técnica** de carrera y del nivel de **flexibilidad**.

- **Frecuencia de zancada**. Es dar el mayor número de pasos por unidad de tiempo, también depende de la fuerza, flexibilidad, dominio de la técnica y factores neuronales.

- **Velocidad-Resistencia**. Es mantener la máxima velocidad durante el máximo tiempo posible. Es de tipo láctica.

- **Factor relajación-coordinación**. Es de gran importancia, pues nos va a permitir utilizar de forma correcta las energías en aquellos músculos que van a realizar el trabajo, relajando los que no.

d) V. de Aceleración. Permite que nos pongamos a la máxima velocidad de desplazamiento. Es decir, llegar desde una posición estática al 100% de intensidad en el mínimo tiempo posible.

e) V.-Resistencia. Actúa a partir de los 60 metros. Es de metabolismo anaeróbico láctico. (Ver punto 2.2).

f) V. Agilidad. Es realizar trayectos cortos al 100% de intensidad, pero **no en línea recta**. Por lo tanto, se trata de "*dominar el cuerpo en el espacio con precisión y velocidad adecuadas*" (Cañizares, 2004). Es muy habitual en deportes de equipo: fútbol, baloncesto, etc., así como en los juegos motores infantiles.

g) V. con Balón. Consiste en desplazarnos a la máxima velocidad que nos sea posible, pero controlando eficazmente al balón. Por lo tanto **influye** decisivamente el nivel de **coordinación general y óculo-segmentaria** del alumno, entre otros factores. Por ejemplo, en situación de contraataque, un jugador de baloncesto, balonmano, fútbol o hockey en posesión del móvil.

Si seguimos la flecha del dibujo, que representa los **tramos** sucesivos de la velocidad de traslación durante una carrera de 100 metros, podemos distinguir las diferentes modalidades (Cañizares, 2004):

Velocidad de reacción al iniciarse el movimiento tras la señal de salida; en este momento el atleta comienza a aplicar la **velocidad de aceleración**, es decir, a tratar de conseguir la máxima velocidad de desplazamiento, que ocurre hacia los 40 metros. Ahora ejerce ya la **velocidad máxima** del individuo que puede mantenerse hasta los 60 metros. A partir de aquí, actúa la **velocidad-resistencia** o capacidad de mantener la máxima velocidad alcanzada durante el mayor tiempo posible, aunque utilizando el sistema anaeróbico láctico.

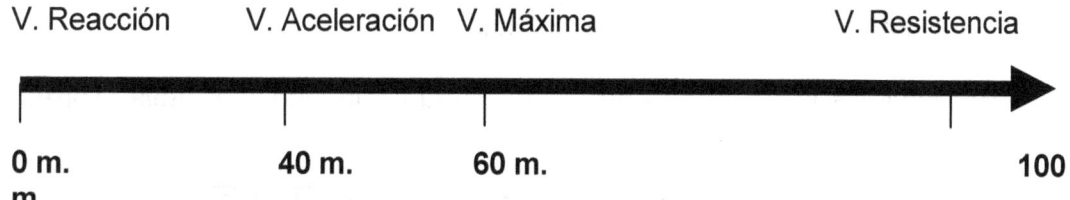

4.3. SU EVOLUCIÓN Y FACTORES QUE INFLUYEN EN SU DESARROLLO.

Extractado de Weineck (1988), García Manso (1998), Sebastiani y González (2000), Reina y Martínez (2003), Los Santos (2004), Cañizares (2004), Forteza y Ramírez (2005), Morente (2005), León (2006), Gómez Mora (2008), Legaz (2012) y Anselmi (2015).

Se encuentra influenciada por el desarrollo biológico y el crecimiento, aunque muy determinada por el potencial genético del individuo.

Desde los 8 y hasta los 12 años se produce el máximo incremento en el desarrollo de la frecuencia de movimientos, mientras que la amplitud de los pasos aumenta progresivamente con la edad y el crecimiento. Por ello, la velocidad máxima en carrera también se incrementa de forma progresiva con la edad, tanto en sujetos entrenados como en los no entrenados. La frecuencia de movimientos en un velocista es prácticamente la misma, se trate de un niño de 8-9 años como de un campeón de 22 años. Sin embargo, la velocidad de desplazamiento del campeón es más elevada por la influencia de los factores antropométricos (estatura y longitud de los miembros inferiores), y por los diferentes niveles de potencia muscular. Ambas proporcionan una mayor impulsión que determinan zancadas más amplias y, consecuentemente, más velocidad de desplazamiento.

Debemos considerar que, antes de afrontar el entrenamiento de la velocidad en niños y niñas, hay que tener en cuenta ciertos aspectos fundamentales para que el provecho sea óptimo y los perjuicios mínimos, hechos que pueden condicionar radicalmente el rendimiento del deportista en su edad madura:

- Los métodos y medios para su desarrollo deben ajustarse a las diferentes **edades** y características de los jóvenes escolares.
- Es de vital importancia aprovechar las fases **sensibles**. Grosser (1992), señala que entre los 8-10 y los 12 años es cuando se pasa por una etapa de fuerte desarrollo, de manera que los niños y niñas en estas edades podrán concentrarse más tiempo dado que su voluntad y motivación por aprender es mayor.
- Es necesario sistematizar las prácticas de velocidad con juegos, por ejemplo de relevos, persecuciones, etc. y las capacidades que le afectan. Una de las cosas que más nos deben **preocupar** es que nuestro alumnado aprenda a **correr bien** (habilidad básica de la carrera). También debemos considerar que al aumentar la fuerza, flexibilidad y coordinación mejoramos, **indirectamente**, el nivel de velocidad.
- Debido a que el S. Nervioso Central **madura** relativamente **pronto** (10-12 años), sus posibilidades de "modelado" pueden desaparecer si la velocidad no se trabaja desde la infancia.

Resumimos la **evolución** de la Velocidad en la siguiente tabla (Torres, Párraga y López, 2001):

EVOLUCIÓN DE LA VELOCIDAD EN LAS EDADES DE EDUCACIÓN PRIMARIA	
1º Ciclo	Mejora de la velocidad por maduración del sistema nervioso y aumento de la coordinación.
2º Ciclo	Mejor encadenamiento de movimientos en el espacio-tiempo. Mejora de la velocidad gestual o acíclica.
3º Ciclo	Sigue incrementándose la velocidad que ya empezó en el ciclo anterior, por aumento de la fuerza y coordinación.

Podemos resumir algunos de los **factores** que influyen en su desarrollo, en:

- **Factores de índole muscular.**
    - La rapidez de la contracción muscular, así como la cantidad de masa y su facilidad para elongarse.
    - Del tipo de fibra, elasticidad y de su viscosidad, la blanca es más veloz.

- *Factores de índole nerviosa.*
    - Acción del estímulo en los receptores y la transmisión de los mismos por vía motriz.
    - Capacidad de excitación de la placa motriz.

- **Otros factores**.
    - Grado de coordinación y equilibrio. Técnica de carrera.
    - Cansancio. Capacidad de atención y fuerza de voluntad.
    - Intensidad y tipo de estímulos.
    - Edad, sexo y altura del individuo.

Durante la Etapa Primaria, podemos **valorar** la velocidad de desplazamiento a través de test de 30 ó 40 metros lisos. La velocidad-agilidad a través del test de tacos.

5. FLEXIBILIDAD. SU EVOLUCIÓN Y FACTORES QUE INTERVIENEN EN SU DESARROLLO.

La flexibilidad ("flexolasticidad" y "amplitud de movimiento" -ADM- para algunos autores), como capacidad del aparato motor, es calificada por muchos como capacidad básica y por otros como derivada o secundaria. Hoy día es más valorada para el mantenimiento de la condición física media (Reina y Martínez, 2003). Lo que está claro es que se trata de la única capacidad **involucionista**, debido a que se nace con mucha y se va perdiendo poco a poco, sobre todo con la pubertad, aunque las chicas son más propensas a tener mejor nivel que los chicos, al contrario que ocurre con la fuerza. El resto de las capacidades se desarrollan, pero la flexibilidad debe **mantenerse**.

5.1. DEFINICIÓN.

Casi todos coinciden en que se trata de un componente articular y algunos matizan que es algo más amplio. Torres (2005), la define como "*la capacidad de mover con la máxima amplitud músculos y articulaciones*". Hernández y Velázquez -coor.- (2004), la entienden como "*la capacidad de realizar movimientos de gran soltura y amplitud, en la que intervienen la movilidad articular y la elasticidad muscular*".

5.2. CLASIFICACIÓN.

Podemos establecer los siguientes grupos clasificatorios en función de:

a) Por el tipo de **ejercicio**:
- **Generales**. Implican la movilidad de grandes sistemas articulares.
- **Localizados**. Actúan sobre una zona determinada.
- **Especiales**. Imitación de un gesto deportivo

b) Por la **ejecución**, quién realiza la tensión (Freire, 2000):
- **Pasivo**. El esfuerzo lo realiza un compañero o un elemento externo
- **Activo**. El esfuerzo lo realiza el actuante
- **Combinado**. Alternar los dos anteriores

c) Por el **dinamismo** en la acción (Freire, 2000):
- **Estático**. Ausencia de movimiento. Por ejemplo, stretching
- **Dinámico**. Hay circunducciones, lanzamientos, etc.

5.3. SU EVOLUCIÓN Y FACTORES QUE INFLUYEN EN SU DESARROLLO.

Resumido de Generelo y Lapetra (1993), Dick (1993), Sebastiani y González (2000), Reina y Martínez (2003), Los Santos (2004), Cañizares (2004), Forteza y Ramírez (2005), Ruiz Pérez (2005), Morante (2005), León (2006), Gómez Mora (2008), Rosillo (2010), González y Navarro (2010), Legaz (2012), (González, Pablos y Navarro, 2014) y Anselmi (2015).

La evolución de esta capacidad a lo largo de la vida tiene unas características muy determinadas, las cuales nos pueden servir como referencia a la hora de desarrollarla en las distintas edades. A los pocos meses de nacer es cuando se tiene la máxima movilidad, a partir de ahí va disminuyendo de forma lenta hasta que viene la fase puberal o de desarrollo del niño, donde el gran incremento óseo y muscular repercute en un descenso inevitable de esta capacidad, que seguirá disminuyendo de forma progresiva hasta la vejez.

Resumimos la **evolución** de la Flexibilidad en la siguiente tabla (Torres, Párraga y López, 2001):

EVOLUCIÓN DE LA FLEXIBILIDAD EN LAS EDADES DE EDUCACIÓN PRIMARIA	
1º Ciclo	Gran nivel por falta de osificación del esqueleto y elasticidad de tendones y ligamentos.
2º Ciclo	El desarrollo natural y el juego mantienen los buenos niveles de flexibilidad. Hasta los 10 años se mantienen los niveles cercanos al 90%
3º Ciclo	A partir de los 11 años la flexibilidad coxo-femoral desciende. De 11 a 14 años, se mejora la movilidad de la columna y del cinturón escápulo humeral. La flexibilidad se mantiene más en las chicas que en los chicos.

A partir de aquí el objetivo debe ser el mantenimiento de la misma, de forma que no se produzca un rápido descenso.

Podemos resumir algunos de los **factores** que influyen en su desarrollo, en:

- **Movilidad Articular**. Es una característica de las articulaciones que se refiere a la amplitud de los movimientos que puedan generarse en cada una de ellas.

- **Estiramiento Muscular**. Proceso de alargamiento del grupo muscular que ha sido sometido a una fuerza horizontal y provoca un aumento en la longitud de éste.

- **Elasticidad Muscular**. Capacidad del músculo de volver al punto inicial.

- **Reflejo miotático**. Se produce cuando un músculo se estira y, como reacción, provoca su contracción para prevenir la lesión.

- **Herencia**. Las características genéticas establecerán la primera condicionante del grado de flexibilidad del individuo. Existen diferencias en cuanto a la raza, sexo, edad y constitución.

- **Temperatura, cansancio y fuerza**. Determinados factores ambientales favorecen o inhiben esta capacidad. El frío y el trabajo muy intenso intoxican hasta cierto punto la musculatura quitándole elasticidad e inhibiendo, por lo tanto, a la flexibilidad.

- **Edad y sexo**. Hasta los diez-doce años el nivel de flexibilidad es bueno, pero a partir de esa edad tiende a deteriorarse si no se trabaja oportunamente. Las chicas son más flexibles, generalmente, que los chicos.

Complementariamente comentamos que un buen grado de flexibilidad permite tener un mayor rendimiento deportivo y un menor riesgo de lesiones, pero un **exceso** de flexibilidad (**laxitud articular**), tiene unos efectos perjudiciales. Debido a que la falta de flexibilidad ocasiona deterioro en la coordinación, facilita las lesiones, impide buenos gestos deportivos y predispone a la adquisición de defectos posturales, un programa adecuado de flexibilidad tendrá una **influencia** decisiva sobre los siguientes aspectos:

- **Relajación muscular**. La falta de relajación disminuye la percepción y favorece el gasto energético.

- **Postura y simetría**. La flexibilidad facilita desarrollar todo el cuerpo por igual.

- **Eficiencia motriz**. Al hacer arcos articulares más amplios, se mejora el nivel de habilidad.

- **Prevención de lesiones**. Una articulación con poca movilidad se "romperá" al hacer un gesto con una angulación superior a la normal.

En cuanto a su valoración podemos hacer el test de flexibilidad profunda (tabla) o el de Wells.

CONCLUSIONES

Este Tema incide sobre un estudio genérico sobre las capacidades físicas básicas. Es la base y se complementa con el 17 y 18 que son más de aplicación a Primaria. Las hemos visto de forma independiente y cómo evolucionan en las edades propias de la Etapa. Que nuestro alumnado posea un buen nivel de condición física es fundamental para que tengan un grado de salud aceptable. También influye para que tengan un ritmo de juego que les permita participar con los demás en las actividades lúdicas propias de la edad, sobre todo en el segundo y tercer tiempo pedagógico que es donde se establecen las relaciones socio-afectivas. Destacar que las capacidades físicas no las debemos trabajar de forma independiente, sino globalmente y como factor de ejecución de la habilidad motriz.

BIBLIOGRAFÍA

- ÁLVAREZ DEL VILLAR, C. (1983). *La preparación física del fútbol basada en el Atletismo*. Gymnos. Madrid.
- ANSELMI, H. (2015). *Preparación física: teoría y práctica*. Kinesis. Armenia (Colombia).
- AVELLA, R.; MALDONADO, C.; RAM, S. (2015). *Entrenamiento deportivo con niños*. Kinesis. Armenia (Colombia).
- BATALLA, A. (1995). *El rendimiento en la iniciación deportiva*. En BLÁZQUEZ, D. (coor.) *La iniciación deportiva y el deporte escolar*. INDE. Barcelona.
- BERNAL, J. A. -coord.- (2005). *La nutrición en la educación física y el deporte*. Wanceulen. Sevilla.
- CAMBEIRO, X. (1987). *¿Estás en forma?* Biblioteca de Recursos Didácticos Alhambra. Madrid.
- CAÑIZARES, J. Mª. (1997-2001). Colección *Fútbol: fichas para el entrenamiento físico*. (Cuatro volúmenes: Velocidad, Acondicionamiento Físico, Fuerza y Coordinación-Equilibrio). Wanceulen. Sevilla.
- CAÑIZARES, J. Mª. (2004). *Entrenamiento Deportivo*. En VV. AA. *Técnico deportivo de Fútbol. Bloque Común. Nivel 1*. C.E.D.I.F.A. Sevilla.
- CIRUJANO, M. (2010). *Capacidades físicas básicas en la educación secundaria obligatoria*. Visión Libros. Madrid.
- COMES, M. y Otros. (2000). *El ser humano y el esfuerzo físico*. INDE. Barcelona.
- CUADRADO, G.; PABLOS, C.; GARCÍA, J. (2006). *Aspectos metodológicos y fisiológicos del trabajo de hipertrofia muscular*. Wanceulen. Sevilla.
- DELGADO, M. y TERCEDOR, P. (2002). *Estrategias de intervención en educación para la salud desde la Educación Física*. INDE. Barcelona.
- DELGADO, M., TERCEDOR, P. y TORRE, E. (2008). *Métodos y técnicas para el conocimiento y mejora de la comunicatividad y expresividad personal y sus repercusiones en la calidad de vida*. En CUÉLLAR, Mª J. y FRANCOS, Mª C. *Expresión y comunicación oral*. Wanceulen. Sevilla.
- DICK, F. W. (1993). *Principios del entrenamiento deportivo*. Paidotribo. Barcelona.
- EDWARDS, S. (1996). *Corazón inteligente*. Dorleta S.A. Madrid.
- FORTEZA, A. y RAMÍREZ, E. (2005). *Teoría, metodología y planificación del entrenamiento deportivo*. Wanceulen. Sevilla.
- FREIRE, A. (2000). *Capacidades de transmitir tensión. Capacidades de obtener y utilizar energía*. En TRIGO, E. *Fundamentos de la motricidad*. Gymnos. Madrid.
- GARCÍA MANSO, J. M. et. all. (1998). *La Velocidad*. Gymnos. Madrid.
- GENERELO, E. y LAPETRA, S. (1993). *Las cualidades físicas básicas: análisis y evolución*. En VV. AA. *Fundamentos de Educación Física para Enseñanza Primaria*. INDE. Barcelona.

- GENERELO, E. y TIERZ, P. (1994). *Cualidades físicas II*. Imagen y Deporte. Zaragoza.
- GÓMEZ MORA, J. (2008). *Bases del Acondicionamiento Físico*. Wanceulen. Sevilla.
- GONZÁLEZ BADILLO, J. J. y GOROSTIAGA, E. (2002). *Fundamentos del entrenamiento de la fuerza*. INDE. Barcelona.
- GONZÁLEZ RAVÉ, J. Mª y NAVARRO, F. (2010). *Fundamentos del entrenamiento deportivo*. Wanceulen. Sevilla.
- GONZÁLEZ, J. Mª; PABLOS, C.; NAVARRO, F. (2014). *Entrenamiento Deportivo. Teoría y práctica*. Panamericana. Madrid.
- GROSSER, M. (1992). *Entrenamiento de la Velocidad*. Martínez Roca. Barcelona.
- HAHN, E.: (1988). *Entrenamiento con niños*. Martínez Roca. Barcelona.
- HERNÁNDEZ, J. L. y VELÁZQUEZ, R. (2004). *La evaluación en Educación Física*. Graó. Barcelona.
- HORNILLOS, L. (2006). *Fundamentos de las capacidades físicas: resistencia, fuerza, velocidad y flexibilidad*. En VV. AA. *Tratado de atletismo en el siglo XXI*. Asociación Atlética Cultural Gallega.
- JUNTA DE ANDALUCÍA (2007). *Ley 17/2007, de 10 de diciembre, de Educación en Andalucía*. (L. E. A.) B.O.J.A. nº 252, de 26/12/2007.
- JUNTA DE ANDALUCÍA (2010). *Decreto 328/2010, por el que se aprueba el Reglamento Orgánico de las escuelas infantiles de segundo grado, de los colegios de educación infantil y primaria, de los colegios de educación primaria, y de los centros públicos específicos de educación especial*. BOJA nº 139, de 16/07/2010.
- JUNTA DE ANDALUCÍA (2015). *Decreto 97/2015, de 3 de marzo, por el que se establece la ordenación y el currículo de la educación Primaria en la comunidad Autónoma de Andalucía*. BOJA nº 50 de 13/03/2015.
- JUNTA DE ANDALUCÍA (2015). *Orden de 17 de marzo de 2015, por la que se desarrolla el currículo correspondiente a la educación Primaria en Andalucía*. BOJA nº 60 de 27/03/2015.
- JUNTA DE ANDALUCÍA (2015). *Orden de 04 de noviembre de 2015, por la que se establece la ordenación de la evaluación del proceso de aprendizaje del alumnado de educación primaria en la Comunidad Autónoma de Andalucía*. B.O.J.A. nº 230, de 26/11/2015.
- LEGAZ, A. (2012). *Manual de entrenamiento deportivo*. Paidotribo. Barcelona.
- LEÓN, J. A. (2006). *Teoría y Práctica del Entrenamiento Deportivo. Nivel 1 y 2*. Wanceulen. Sevilla.
- LEGIDO, J. C. y otros (2009). *Hipertrofia y crecimiento muscular*. En GUILLÉN, M. y ARIZA. L. *Las Ciencias de la Actividad Física y el Deporte como fundamento para la práctica deportiva*. U. de Córdoba.
- LÓPEZ CHICHARRO, J. y otros (2013). *Fisiología del Entrenamiento Aeróbico*. Panamericana. Madrid.
- LOS SANTOS, C. (2004). *Preparación física. Teoría, aplicaciones y metodología práctica*. Wanceulen. Sevilla.
- MANNO, R. (1999). *El entrenamiento de la Fuerza*. INDE. Barcelona.
- MARTÍNEZ, P. (1996). *Desarrollo de la resistencia en el niño*. INDE. Barcelona.
- MAYNAR, M. y MAYNAR, J. I. -Coords.- (2008). *Fisiología aplicada a los deportes*. Wanceulen. Sevilla.
- M. E. C. (2006). *Ley Orgánica de Educación (L.O.E.) 2/2006, de 3 de mayo, de Educación*. B. O. E. nº 106, de 04/05/2006, modificada en determinados artículos por la LOMCE/2013.
- M. E. C. (2013). *Ley Orgánica 8/2013, de 9 de diciembre, para la mejora de la calidad educativa*. (LOMCE). B. O. E. nº 295, de 10/12/2013.

- M. E. C. (2014). *Real Decreto 126/2014, de 28 de febrero, por el que se establece el currículo básico de la Educación Primaria.* B. O. E. nº 52, de 01/03/2014.
- M.E.C. (2015). *Orden ECD/65/2015, de 21 de enero, por la que se describen las relaciones entre las competencias, los contenidos y los criterios de evaluación de la educación primaria, la educación secundaria obligatoria y el bachillerato.* B.O.E. nº 25, de 29/01/2015
- MORA, J. (1989). *Colección Educación Física 12-14 años.* Diputación de Cádiz.
- MORENTE, A. (2005). *Ejercicio Físico en niños y jóvenes: programas de actividad física según niveles de condición biológica.* En GUILLÉN (coord.) *El ejercicio físico como alternativa terapéutica para la salud.* Wanceulen. Sevilla.
- NAVARRO, F. (1998). *La Resistencia.* Gymnos. Madrid.
- PERAL, C. (2009). *Fundamentos teóricos de las capacidades físicas.* Visión Libros. Madrid.
- PÉREZ TURPIN, J. A. (2012) *Bases del análisis del rendimiento deportivo.* Wanceulen. Sevilla.
- PIÑEIRO, R. (2006a). *La fuerza y el sistema muscular.* Wanceulen. Sevilla.
- PIÑEIRO, R. (2006b). *La resistencia y el sistema cardiorrespiratorio.* Wanceulen. Sevilla.
- PIÑEIRO, R. (2007). *La velocidad y el sistema nervioso.* Wanceulen. Sevilla.
- PORTOLÉS, J. (1995). *Estudio de la fuerza y métodos y medios aplicados.* En MORA, J. (coord.) *Teoría del entrenamiento y del acondicionamiento físico.* COPLEF. Cádiz.
- REINA, L. y MARTÍNEZ, V. (2003) *Manual de teoría y práctica de acondicionamiento físico.* CV Ciencias del Deporte. Madrid.
- ROSILLO, S. (2010). *Cualidades físicas. Plan educativo de hábitos de vida saludable en la educación.* Procompal. Almería.
- RUIZ PÉREZ, L. M. (2005). *Moverse con dificultad en la escuela.* Wanceulen. Sevilla.
- SEBASTIANI, E. y GONZÁLEZ, C. (2000). *Cualidades físicas.* INDE. Barcelona.
- SEGOVIA, J. C. (2009). *Pruebas de valoración de la contracción muscular.* En GUILLÉN, M. y ARIZA. L. *Las Ciencias de la Actividad Física y el Deporte como fundamento para la práctica deportiva.* U. de Córdoba.
- TORRES, J.; PÁRRAGA, J. A. y LÓPEZ, J. M. (2001). *Tratamiento de los contenidos de la condición física-salud y su evolución en los ciclos de enseñanza primaria.* Espacio y Tiempo. Revista de Educación Física. Nº 33-34. A.P.E.F. Almería.
- TORRES, M. A. (2005). *Enciclopedia de la Educación Física y el Deporte.* Ediciones del Serbal. Barcelona.
- WEINECK, J. (1988). *Entrenamiento Óptimo.* Hispano-Europea. Barcelona.
- ZINTL, F. (1991). *Entrenamiento de la Resistencia.* Martínez Roca. Barcelona.

WEBGRAFÍA (Consulta en octubre de 2015).

http://recursos.cnice.mec.es/edfisica/
http://www.ite.educacion.es/es/recursos
http://www.juntadeandalucia.es/averroes/
http://www.gobiernodecanarias.org/educacion/webdgoie/
http://www.adideandalucia.es
www.juntadeandalucia.es/educacion/descargasrecursos/curriculo-primaria/index.html

www.ingramcontent.com/pod-product-compliance
Lightning Source LLC
Chambersburg PA
CBHW080256170426
43192CB00014BA/2690